WIEN | BERLIN

KALMEN WEWRYK

NACH SOBIBOR UND ZURÜCK

VORWORT Howard Roiter

KONTEXTUALISIERUNG Steffen Hänschen | Andreas Kahrs

ÜBERSETZUNG Ekpenyong Ani

August 2020

Liebe Helga,
ich wollte Dir das Buch
zum Besuch in Sobibor
im Oktober schenken.
Es wird Dir hoffentlich
auch jetzt gefallen

Horst

BAHOE | METROPOL

ZukunftsFonds
der Republik Österreich

NATIONALFONDS
DER REPUBLIK ÖSTERREICH FÜR OPFER DES NATIONALSOZIALISMUS

Kalmen Wewryk
Nach Sobibor und zurück

Originaltitel: Kalmen Wewryk, To Sobibor and Back: An Eyewitness Account. Edited, transcribed and translated from the Yiddish by Howard Roiter, Montreal: Concordia University Chair in Canadian Jewish Studies/Montreal Institute for Genocide and Human Rights 1999

Herausgegeben vom
Bildungswerk Stanisław Hantz

Aus dem Englischen
von Ekpenyong Ani

Coverillustration: Wachturm in Sobibor

ISBN 978-3-903022-87-4 (Österreich)
ISBN: 978-3-86331-517-7 (Deutschland)

bahoe books
Fischerstiege 4-8/2/3
1010 Wien
bahoebooks.net

Metropol Verlag
Ansbacher Str. 70
D-10777 Berlin
metropol-verlag.de

INHALT

Vorwort zur englischen
Ausgabe von 1999 5

Nach Sobibor und zurück

1. Auf dem Weg nach Sobibor 9

2. Sobibor 45

3. Die Zeit nach Sobibor 79

4. Epilog 139

Das Ghetto von Chełm und das deutsche
Mordlager Sobibor
von Steffen Hänschen · Andreas Kahrs 151

VORWORT ZUR ENGLISCHEN AUSGABE VON 1999

HOWARD ROITER

Vor einigen Jahren war ich eingeladen, bei einer vom örtlichen Interessenverband geförderten Veranstaltung zum Holocaust-Gedenktag einen Gastvortrag zu halten. Der kleine Saal war randvoll mit größtenteils älteren Menschen, die gekommen waren, um sich zu erinnern und zu trauern. Nach ein paar einleitenden Worten war ich an der Reihe. Zu dieser Zeit forschte ich gerade zum heroischen Widerstand im Mordlager Treblinka. Als ich an diesem Abend vortrug, bemerkte ich ein Murmeln hinten im Saal, das jedes Mal zu vernehmen war, wenn ich die heldenhaften Widerstandskämpfer von Treblinka erwähnte. Als ich vom Mut der Widerstandskämpfer im Warschauer Ghetto sprach, ertönte hinten aus dem Saal dasselbe Gemurmel. Dieses Dazwischenmurmeln hörte ich noch drei- oder viermal.

Als ich geendet hatte und die Zeremonie vorüber war, kam der Vorsitzende des Abends zu mir und entschuldigte sich für das Gemurmel. «Sie müssen das verstehen», sagte er, «der Mann da hinten ist ein Überlebender des Aufstands in Sobibor. Er hat nicht gemurmelt – er hat nur immer Sobibor zu Ihren Aufzählungen heroischer Widerstands- und Racheakte hinzugefügt. Das war seine Art, derer zu gedenken, die mit ihm kämpften und fielen.»

Als ich dies hörte, konnte ich meine Aufregung kaum verbergen. Das Lager in Sobibor war kein Arbeits-, sondern ein Vernichtungslager. Hunderttausende unschuldige Opfer wurden dort in Rauch und Asche verwandelt, bis die verzweifelten Gefangenen rebellierten und ausbrachen. Nur sehr wenige überlebten den Aufstand, und noch wenigeren gelang es, in der unwirtlichen Umgebung zu überleben. Die Zahl der Augenzeugen, die die Geschichte der Tragödie und des Heldentums in Sobibor erzählen konnten, war sehr begrenzt. Ich bat den Vorsitzenden, mich dem Überlebenden von Sobibor vorzustellen. Er führte mich zu einem gewöhnlich aussehenden Mann hinten im Saal und stellte mich Herrn Kalmen Wewryk vor.

Wie ich bald erfuhr, war Kalmen Wewryk alles andere als gewöhnlich. Dieser ehrliche, einfache Mann war Zeuge der Tragödie seiner Familie, seiner Gemeinschaft und seines Volkes geworden. Und zugleich war er Zeuge ihrer Größe geworden, als die hilflosen, zu Skeletten abgemagerten Juden, von der Welt im Stich gelassen und dem Tode geweiht, wütend aufstanden und ein Kapitel im Buch des jüdischen Heldentums schrieben.

Ich traf Kalmen Wewryk einige Tage später und drängte ihn, dieses einzigartige Zeugnis für zukünftige Generationen abzulegen. Aber ich musste ihn gar nicht drängen. Er wollte seine Geschichte unbedingt erzählen, bevor es zu spät sein würde. Kalmen Wewryk war offensichtlich nicht bei bester Gesundheit, und ich zögerte zunächst, ihn in seine tränenreiche Vergangenheit zurückzuführen, zu einem Leid, das Worte nicht beschreiben können, und in emotionale Zustände, die die Grenzen menschlicher Seelenstärke und Leidensfähigkeit strapazierten.

Wir trafen uns über drei Jahre lang, und er erzählte mir seine Geschichte. Viele Male füllten sich seine Augen mit Tränen, und er musste den Raum verlassen. Viele Male musste auch ich den Raum verlassen. Ich verspürte Schuldgefühle, weil ich diesen bescheidenen, guten Mann in die Hölle zurückgeführt hatte, der er nie wirklich entronnen war. Doch wir machten weiter, und mit den folgenden Seiten gedenkt er all jener Menschen, die umkamen. Gleichzeitig ist seine Geschichte ein Vermächtnis für zukünftige Generationen, denen dieses Wissen nicht vorenthalten werden darf.

Howard Roiter

1. AUF DEM WEG NACH SOBIBOR

Ich wurde 1906 geboren, in Chełm, Polen. Meine Familie war traditionell orthodox. Ich hatte einen Bruder und zwei Schwestern. Mein Vater war ein sehr einfacher Getreidehändler; er erstand mal hier einen Sack, mal dort, und verkaufte dann den Inhalt, um daraus einen sehr mageren Lebensunterhalt zu bestreiten. Mein Bruder starb im Ersten Weltkrieg an Unterernährung. Unserer Armut zum Trotz lud mein Vater immer irgendwelche armen Unglückseligen ein, um das Sabbatessen mit ihnen zu teilen. Die armen Hilflosen stanken oft und waren verdreckt, doch mein Vater wich nie von dieser Sabbattradition ab. Egal, wie schlecht es uns ging, wir teilten – Sabbat war Sabbat, ein besonderer Tag.

Mein Vater wollte, dass ich ihn bei seinem «Getreidegeschäft» (wenn man es so nennen konnte) unterstützte, doch ich erkannte, dass das Ganze überhaupt keine Zukunft hatte. Ich hatte eine traditionelle religiöse Schule, einen Cheder, besucht, hatte jedoch keinerlei säkulare Schulbildung, da wir uns das geringe Schulgeld nicht leisten konnten. Ich brachte mir auf dem Dachboden das Lesen und Schreiben auf Polnisch bei. Als meine Cheder-Ausbildung beendet war, suchte ich mir heimlich eine Lehrstelle als Tischler. Das war in unserer Familie und in unserem Milieu unerhört – irgendwie war das Arbeiten mit den Händen stigmatisiert. Ich weiß noch, wie meine Tante anfing zu weinen, als ich ihr erzählte, dass ich meine Tischlerlehre beinahe abgeschlossen hatte.

Meine Schwester hatte eine Freundin, ein hübsches Mädchen, das Jocheved hieß. Wir mochten uns schon als Kinder. Sie kam oft zu uns nach Hause, und zwischen uns entwickelte sich eine tiefe Zuneigung. Seit ihrem zwölften Lebensjahr zog Jocheved mit einem Karren voller Kurzwaren (Nadeln, Garn, Stoffbordüren usw.) von einem Dorfmarktplatz zum anderen und verkaufte ihre Waren an die Bauern. Sie kam aus einer religiösen, verarmten Familie; ihre Mutter, eine frühzeitig verbrauchte Frau, die immer einen Scheitel (von orthodoxen Jüdinnen getragene Perücke) trug, begleitete sie manchmal auf ihren Verkaufszügen. Ihr «Gewinn» sicherte ihnen das Überleben, wobei ihr Speiseplan aus Zwiebeln, Radieschen, Schwarzbrot und in seltenen Fällen einem Stück Hering bestand. Oft lauerten ihnen polnische und ukrainische Banden auf, überfielen sie und raubten ihnen ihre mageren

Einnahmen und Waren. Die beiden Frauen waren solchen Banditen hilflos ausgeliefert.

Ich begann Jocheved noch während unserer Verlobungszeit auf ihren Verkaufszügen zu begleiten. Wenigstens konnte ich sie vor den «tapferen» Banditen beschützen, die sich gern hilflose jüdische Frauen als Opfer aussuchten. Wir heirateten 1932, und wenige Wochen nach unserer Hochzeit lieh ich mir etwas Geld von meinem Vater und Jocheveds beiden Brüdern und mietete einen kleinen Laden mit Auslagen für Waren. Ich kaufte einen Bestand an Waren und stieg in den Handel mit Kurzwaren und Stoffen ein. Mein kleiner Laden gedieh, und ich konnte schon bald eine ältere Frau einstellen, die im Haushalt und mit dem Baby half. 1934 waren wir mit der Geburt eines ganz besonderen Sohnes, Jossele, gesegnet worden.

Anfang 1939 saßen meine Frau und ich in unserem Laden, als wir hörten, dass zu einer allgemeinen Mobilmachung aufgerufen wurde. Alle Reservisten und junge unverheiratete Männer sollten sich zum militärischen Dienst melden. Bald darauf erschienen bedrohliche dunkle Bombenflugzeuge am blauen Himmel über Chełm. Meine Frau und ich verließen den Laden und rannten in die Felder, um uns zu verstecken. Wir wollten uns im hohen Weizen verbergen, doch der war gerade geerntet worden, und so konnte man uns sehen. Wir hatten Todesangst. Die deutschen Flugzeuge feuerten immer weiter aus Maschinengewehren auf uns, sie schienen wie wilde Tiere zu kreischen, wenn sie beim Abschießen der Bomben und Patronen in den Tiefflug gingen. Wir beschlossen, nach Hause zu laufen, und bahnten uns einen Weg durch Straßen voller Menschen, die in ihrer Panik schrien. Als wir zu Hause ankamen, fanden wir die alte Frau, die wir angestellt hatten, mit unserer Tochter Pesha, die noch ein Säugling war, im Arm unterm Bett. Sie war so erstarrt vor Entsetzen, dass sie gar nicht sprechen konnte.

Als die Bombardierung aufhörte, gingen wir wie viele andere hinaus auf die Straße. Die Menschen standen in Grüppchen herum und tauschten Neuigkeiten und Gerüchte aus. Es gab schlechte Nachrichten: Die Bombardierung hatte in Chełm viele Opfer gefordert. Die polnische Armee hatte eine Niederlage erlitten, und es ging das Gerücht, die Deutschen bewegten sich auf Chełm zu. Chełm war bald überlaufen von ausgemergelten, barfüßigen polnischen Soldaten auf der

Flucht, die ihre Uniformen abgelegt hatten. Ihre Befehlshaber hatten sie im Stich gelassen, und nun waren sie hungrig und entmutigt.

Es wurde ruhig in Chełm. Die Verwaltung war gänzlich zusammengebrochen. Es gab weder eine zivile noch eine militärische Regierung. In dieser Nacht verfielen polnische und ukrainische Banditen in einen wahren Tötungsrausch – natürlich waren Juden ihre Opfer. Ohne einen funktionierenden Polizeiapparat hatten sie freie Hand, und sie brauchten nicht lange, das zu erkennen. In dieser Nacht wurden 50 bis 60 Juden umgebracht und viele andere schwer zusammengeschlagen. Es wurde überall geraubt und vergewaltigt. Die Ukrainer und die Polen kamen eigentlich nicht gut miteinander aus, doch wenn es darum ging, wehrlose Juden anzugreifen, hatten sie ein gemeinsames Ziel.

Sie können mir glauben, wenn ich sage, dass wir den Tagesanbruch herbeisehnten. Wir erfuhren, dass die Russen auf dem Weg waren. Wir freuten uns – bald würde es wieder eine Regierung geben. Die Banditen hätten nicht mehr freie Hand. Am 14. September 1939 sahen wir die ersten russischen Panzer und Lastwagen und rannten hinaus, um sie zu begrüßen. Frauen und Kinder umarmten und küssten die Soldaten.

Unsere Freude währte nicht lange. Nach zehn Tagen hörten wir, dass sich die Russen aufgrund des deutsch-sowjetischen Abkommens wieder aus Chełm zurückziehen würden. Wir sahen, wie die Russen ihre Gerätschaften auf Lastwagen verstauten, ihre Ausrüstung zusammenpackten und ihre Fahrzeuge startklar für den Abzug aus Chełm machten. In den Zeitungen erschienen Artikel, in denen verkündet wurde, dass wer immer mit den Russen abreisen wolle, dies gerne tun könne. Es würden Lastwagen zur Verfügung gestellt, und die Leute könnten ihre Habseligkeiten mitnehmen. Einige Hundert junge Menschen nahmen das Evakuierungsangebot an, doch es war nur ein Bruchteil an Juden darunter, die sich dazu durchringen konnten. Die Leute standen vor einem Dilemma: Wie konnte man seine Heimat im Stich lassen? Seine Freunde? Seine Arbeit? Seine Verwandten? Wir hatten auch gehört, dass das Leben unter den Russen sehr hart sein konnte. Und außerdem war das Bild, das man noch aus dem Ersten Weltkrieg von den Deutschen hatte, das von zivilisierten, fortschrittlichen Menschen. Meine jüngere Schwester ging mit den Russen. Doch ich blieb wie so viele andere in Chełm zurück, mit meiner Frau, meinem Sohn und unserer kleinen Tochter. Was kommen würde, würde kommen. Wenigstens würde ich in meiner Heimat sein, in meinem geliebten Chełm.

Einige Tage vergingen. Nach zweiwöchiger Besatzung waren die Russen wieder verschwunden. Wieder gab es weder eine zivile noch eine militärische Regierung. Die polnischen und ukrainischen Banditen nahmen ihre Angriffe wieder auf. Wir waren voller Angst, vor allem fürchteten wir die langen dunklen Herbstnächte. Als der Tag des 7. Oktober 1939 anbrach, gingen wir auf die Straße und hörten, dass die Deutschen in Kürze eintreffen würden. Es klingt unglaublich, aber viele Juden freuten sich über diese Nachricht. Nun würden die nächtlichen Prügeleien und Morde durch die ukrainischen und polnischen Banditen ein Ende haben. Noch am selben Tag sahen wir die Deutschen einmarschieren. Wir sahen lange Fahrzeugkolonnen und Reihen marschierender, singender Männer. Und schon spuckten die Ersten auf uns und fluchten: «Verfluchte Juden, Schweinische Juden!» Wir erkannten, dass wir einen Fehler gemacht hatten, nicht mit den Russen den Rückzug anzutreten, doch nun war es zu spät. Der Fehler war nicht rückgängig zu machen. Noch am selben Tag ihres Einzugs begannen die Deutschen, Juden zusammenzuschlagen und jüdische Geschäfte zu plündern. Ich schloss meinen kleinen Laden ab und ging nach Hause. Ich sagte meiner Frau, dass uns nun schlechte Zeiten bevorstünden.

Am nächsten Tag, dem 8. Oktober, kam mein Vater und besuchte mich in meinem Laden. Als wir so dastanden und darüber sprachen, wie schlecht es jetzt für uns aussah, kamen mehrere SS-Männer in den Laden und riefen: «Verfluchter Jude!» Dann verpasste einer meinem Vater zwei kräftige Schläge auf den Kopf. Als Nächstes plünderten sie mein Lager, wobei sie sich nur das Beste heraussuchten. Dann kam einer zu mir herüber und versetzte mir einen heftigen Schlag in die Magengrube. Ich krümmte mich vor Schmerzen und konnte minutenlang kaum atmen. Der Deutsche rief begeistert aus: «Ja, ich hab's dir bezahlt.» Damit meinte er, dass der gemeine Schlag seine Art der Bezahlung für die Waren war, die er mir nahm. Und mit selbstgerechter Zufriedenheit setzte er hinzu: «Ja, ich habe dich gut versohlt.» Damit nahm er Bezug auf einen beliebten Spruch, der auf vielen deutschen Fahrzeugen zu lesen war: «Wir fahren nach Polen, um Juden zu versohlen.» Herzhaft lachend verließen die SS-Männer meinen Laden. Mein Vater und ich konnten uns nur hilflos ansehen. Was sollten wir sagen?

Die schlechten Neuigkeiten breiteten sich über Chełm aus – wir hörten von Übergriffen, Raubzügen, Schießereien und Morden, davon, dass Juden überall in der Stadt aufgegriffen und zur «Zwangsarbeit» verpflichtet wurden. Diese Litanei von Schreckensmeldungen wiederholte sich täglich. Wir fragten uns, was noch aus uns werden sollte. Unter uns waren viele wehrlose Frauen, deren Männer verschleppt worden und nie zurückgekehrt waren. SS-Männer drangen in die Wohnungen der Frauen ein und machten mit ihnen, was sie wollten. SS-Männer durchstreiften die Straßen mit Hunden und Peitschen und sahen sich gierig nach potenziellen Opfern um. Und jeden Tag verabschiedeten sie neue «Gesetze», «Regeln» und «Richtlinien». Die polnische Polizei war noch im Amt, doch die Polizisten standen nun unter deutscher Befehlsherrschaft und waren eifrig dabei, die Befehle auszuführen. Sie halfen dabei, Juden festzunehmen und zusammenzuschlagen, die für «Arbeitsdienste» gebraucht wurden.

Die polnische Polizei kam täglich zu unserer Wohnung und fragte nach mir. «Wir wollen Kalmen Wewryk!», riefen sie. Ich versteckte mich in einer Balkenattrappe, die ich als Versteck gebaut hatte. Auf einer Seite des Balkens gab es eine winzige Öffnung, durch die ich auf die Straße draußen sehen konnte. Wenn ich die Polizisten mit schweren Schritten die Treppe hinaufstürmen hörte, sprang ich in mein Versteck und zog das Eingangsloch mit einer Schnur hinter mir zu. Mein Versteck war sehr geschickt getarnt – niemand hätte erkannt, dass sich dort jemand verbarg. Ich wurde gesucht, weil die Verwaltung ihnen meinen Namen gegeben hatte. Reiche Männer konnten sich mit Geld von der «Zwangsarbeit» freikaufen, man ersetzte sie mit armen Männern, die statt ihrer festgenommen wurden. Ich war vor Beginn des Krieges nach Warschau gefahren und hatte neue Ware gekauft, sodass ich jetzt nicht mehr flüssig war. Ich verfügte über kein Bargeld. Ich konnte die Verwaltung nicht bezahlen, deshalb war ich eine der Zielpersonen für die «Zwangsarbeit». Täglich wurden Juden zur «Zwangsarbeit» verschleppt, und nur wenige kehrten zurück. Wir bedauerten es sehr, nicht mit den Russen den Rückzug angetreten zu haben, aber nun war es zu spät. Jetzt saßen wir in einem täglichen

Albtraum fest. An manchen Tagen blieb ich den ganzen Tag in meinem Versteck, weil die Polizei mehrmals am Tag vorbeikam, um nach mir zu suchen. Wie sehr sehnte ich mich danach, dass meine Frau rief, «Die Luft ist rein», damit ich meinem dunklen Loch entsteigen und einen Schluck Wasser trinken konnte. Einmal reichte die Zeit nicht, um mich in meinem Balken zu verstecken. Ich kletterte aufs Dach und versteckte mich hinter einem dicken Schornstein.

Eine Weile blieb es ruhig, dann hörten wir, dass sich ein offizieller Judenrat gebildet hatte. Nur Gott wusste, welchen Ärger uns das wieder bringen würde! Die Polizei war in meinem «Fall» äußerst frustriert. Da sie mich nicht finden konnten, sperrten sie meine Frau und unsere beiden Kinder ins Gefängnis. Man steckte sie in eine Zelle tief unten im Keller des Gefängnisses und gab ihnen nichts zu essen. Die Polizisten sagten meiner Frau, dass, wenn ich mich nicht bei ihnen meldete, sie und die Kinder auf unbestimmte Zeit im Gefängnis bleiben würden. Das Baby schrie pausenlos, und auch der Junge, der erst sechs Jahre alt war, weinte. Man gab ihnen nicht einmal Wasser. Meine Frau erzählte mir später, dass die Deutschen, als sie um Wasser für die Kinder bettelte, schallend lachten. Die armen Kinder bekamen keinen Tropfen. Als die Sadisten nach zwei Tagen erkannten, dass sie aus meiner Frau keine Information herausbekommen würden – sie beharrte darauf, nicht zu wissen, wo ich mich aufhielt –, versetzten sie ihr mehrere kräftige Peitschenhiebe und warfen die drei aus dem Gefängnis. Sie schleppte sich mit den weinenden, verängstigten Kindern nach Hause. Als ich die drei sah, brach es mir fast das Herz. Sie sahen furchtbar aus. Doch wir fielen uns alle in die Arme, küssten und hielten uns fest. Wir frohlockten. Wir waren wieder zusammen.

Nach ein paar Tagen kam die Polizei erneut, um mich zu holen. Sie hatten nichts Wichtigeres zu tun, als Juden wie mich aufzuspüren. Schließlich meldete ich mich bei der deutschen Kaserne als Tischler. Ich durfte jeden Abend nach Hause gehen und dort übernachten. Manchmal war es schwere Arbeit, beispielsweise Gräben ausheben, aber meistens war ich in meinem Beruf in Werkstätten eingesetzt, in denen ausgebildete oder angelernte Juden arbeiteten – Schuster, Tischler, Schneider, Steinmetze usw. Bezahlt wurden wir nicht. Wir mussten viele Stunden arbeiten, doch wir erhielten jeder nur ein kleines Stück Brot. Es reichte nicht einmal für eine Person, aber es war besser als nichts. Ein dicker SS-Mann genoss es besonders, uns mit einer mit eisen beschlagenen Peitsche zu schlagen, aber meistens arbeiteten wir unter der Aufsicht von Wehrmachtssoldaten. Und unter ihnen gab es anständige, humane Menschen, die erkannten, in welcher Lage wir armen Juden uns befanden. Oft fand ich unter meiner Werkbank einen Laib Brot (damals ein wahrer Schatz), Tabak oder ein Stück Schuhleder – Dinge, die gute Männer der Wehrmacht für mich hinterlegt hatten. Mir wurde es auch ermöglicht, Holz zu «borgen» und mit nach Hause zu nehmen. Ich erinnere mich besonders an meine Freude, als ich vier oder fünf größere Kartoffeln unter meiner Werkbank fand.

Während ich in der Kaserne arbeitete, suchte die polnische Polizei weiter nach mir. Polnische Polizisten kamen mehrmals am Tag in unsere Wohnung geplatzt. Sie erkundigten sich nach mir und fanden heraus, dass ich in der Kaserne arbeitete. Daraufhin kamen sie in die Kaserne und nahmen mich mit. Ich vermute, dass sie ihre Informationen vom Judenrat bekommen hatten. Der Oberscharführer, mein Vorgesetzter, war nicht anwesend, als die polnischen Polizisten kamen und mich mitnahmen. Sie warfen mich wie einen Sack Kartoffeln in eine Zelle desselben Gefängnisses, in dem sie zuvor meine Frau und Kinder eingesperrt hatten.

Aus unseren Gesprächen wusste meine Frau, dass dem «Oberst» meine Arbeit gefiel. Ich hatte schwer für ihn gearbeitet, hatte ihm aus Holz alles Mögliche für seinen persönlichen Bedarf angefertigt, zum Beispiel Aktenmappen, Bücherregale, Schuhlöffel usw. Meine Frau lief also zur Kaserne und erzählte dem Oberscharführer, dass die polnische Polizei mich festgenommen hatte. Nachdem er alles, was sie ihm gesagt hatte, geprüft hatte (sie waren immer sehr genau und gingen methodisch vor) und sich die Geschichte bestätigte, fuhr er selbst zur Polizeistation, und ich konnte hören, wie er donnerte: «Den Schreiner sofort auslösen!» Die Polizisten waren nicht erfreut, ihn zu sehen. Als ich ihnen ausgeliefert war, peitschten sie mich mehrmals am Tag aus. Sie hatten mir weder zu essen noch zu trinken gegeben. Doch in diesem Fall hatten sie keine Wahl. Sie ließen mich gehen, und der Oberscharführer brachte mich sofort zur Kaserne zurück.

Wir hatten immer mehr Hunger. Und die Deutschen forderten immer mehr Leistung von uns. Meine Frau fragte mich: «Wo wird das noch enden? Wir werden alle vor Hunger sterben.» Meine Frau hatte nach und nach immer mehr Haushaltsgegenstände verkauft, um Essen besorgen zu können. Inzwischen war das Haus so gut wie leer – es gab nichts mehr, das hätte verkauft werden können. Ich beschloss, ein Risiko einzugehen – ich war verzweifelt. In der Mittagspause ging ich hinüber zu den Wehrmachtsunterkünften und bettelte um Essen. Manche Soldaten warfen mir Essen zu. Sie hatten gutes Essen – das beste. Andere verjagten mich und riefen mir «verfluchter Jude!» hinterher. Wenn ich verjagt wurde, rannte ich zur nächsten Kaserne und setzte mein Betteln fort. Es gab dort Hunderte von Kompanien, die darauf warteten, mit der Grenzaufstellung zu beginnen. Unter ihnen waren auch SS-Männer – wahrscheinlich sollten sie die anderen überwachen –, und manchmal kam ein SS-Mann aus einer Kaserne gerannt und schlug auf mich ein.

Ich wusste, dass es so nicht weitergehen konnte. Meine Frau und meine Kinder litten nach wie vor Hunger und wurden von Tag zu Tag schwächer. Bei der Arbeit begannen sie, uns regelmäßig zu schlagen. Die SS-Männer kamen und nahmen einige von uns mit, um verschiedene Arbeiten zu erledigen. Diese SS-Männer waren nicht wie die Wehrmachtssoldaten, sie schlugen uns oft mit eisenbeschlagenen Peitschen. Ich dachte über unsere Situation nach. Es war Ende 1939 und es sah nicht so aus, als würde sich die Lage bessern. Ich beschloss, die Werkstatt in der Kaserne zu verlassen und mein Glück anderswo zu versuchen. Ich musste etwas tun.

Ich verließ das Haus in der Nacht, schulterte mein Tischlerwerkzeug und ging zehn Kilometer weit zu einem nahe gelegenen kleinen Dorf, wo ich vor dem Krieg schon einmal gearbeitet hatte. Als ich dort ankam, wurde es Tag. Ich klopfte bei verschiedenen Häusern an, fragte nach, ob man Arbeit für mich hätte, und fand welche – jemand brauchte neue Fenster. Es gab keine Deutschen dort, sie hatten ihre Kontrolle noch nicht auf die kleinen Dörfer ausgeweitet. Ich arbeitete die ganze Woche an den Fenstern für meinen Arbeitgeber, und er bezahlte mich mit Lebensmitteln. Am Freitagabend machte ich mich auf den Heimweg. Auf den Schultern trug ich einen Sack mit Butter, Hühnern, Kartoffeln und anderen Lebensmitteln – meinen schwer verdienten Lohn. Den ganzen Weg nach Hause durch Felder und Wälder hatte ich große Angst, doch ich ging immer weiter.

Meine Frau machte sich Sorgen, als der Freitag näher rückte. Würde ich wohl heimkehren, oder war mir in der Woche etwas Furchtbares zugestoßen? Sie verbrachte die ganze Nacht neben der Tür sitzend und wartete auf mich. Ich schlich mich ganz leise die Treppe hinauf. Als meine Frau meine Schritte erkannte, war sie überglücklich. Ich flüsterte ihr unser Losungswort zu, und sie entriegelte die Tür. Meine Frau küsste mich. Jossele schlief. Wir umarmten uns, und ich erzählte meiner Frau, wie meine Woche und der Weg zurück gewesen waren. Sie weinte, weil wir eine so schlimme Zeit durchmachten. Ich konnte ihre Tränen nicht ertragen, deshalb ging ich hinüber zu meinem schlafenden Jungen und küsste ihn. Er wachte auf, rief «Papa!» und warf sich mir entgegen, umarmte und küsste mich, während er seine kleinen Arme um meinen Hals schlang. Er schien zu verstehen, was ich durchmachte, was wir alle durchmachten. Dann ging ich hinüber zu meinem kostbaren Sack, schnürte ihn auf und breitete das mitgebrachte Essen aus, als enthüllte ich einen kostbaren Schatz. Jocheved sah, wie schwer ich gearbeitet haben musste, um das Essen zu verdienen. Sie nahm sich ein Stück Brot und eine Zwiebelscheibe, und dann aßen mein Sohn und meine Frau mit großem Appetit. Ich genoss es, ihnen beim Essen zuzusehen. Ich freute mich an jedem Bissen, den sie nahmen. Ich genoss den Gedanken, dass sie für kurze Zeit genug zu essen haben würden. Ich war glücklich, ich war bei meinen Lieben zu Hause. Doch in dieser Nacht schlief ich schlecht und sehr unruhig. Ich wurde scheinbar noch immer von der Polizei gesucht und fürchtete, dass sie nachts in unsere Wohnung platzen könnten.

So lebten wir vier bis fünf Monate lang. Ich musste mein Kommen und Gehen äußerst geheim halten. Ich kam und ging immer nur nachts, weil überall böswillige Augen lauerten. Die Nachbarn durften mich nicht sehen. Die Menschen waren am Verhungern, und manche wären für ein Stück Brot zu töten bereit gewesen. Die Menschen waren verroht.

Kurz vor Tagesanbruch stand ich auf, besuchte noch meine Verwandten und machte mich dann auf den Weg zum Dorf. Ich war ein verängstigter Mann, der zu seinem Arbeitgeber zurückkehrte. Ich sagte «Guten Morgen», und er antwortete: «Dzień dobry, dzień dobry» (Guten Tag, guten Tag) und bekreuzigte sich. Auch er hatte große Angst. Er hatte gehört, dass man Juden im Wald auflauerte und sie tötete, und ihm wurde bewusst, wie gefährlich meine Reise war. Er gab mir ein gutes Frühstück, und ich machte mich voller Elan an die Arbeit.

So vergingen einige Wochen, und ich erledigte viele Aufträge für ihn. Auf dem Heimweg trug ich immer den Sack auf der einen und mein Werkzeug auf der anderen Schulter. Es war eine schwere Last, aber ich war damals recht kräftig. Manchmal rannten Wildtiere an mir vorüber. Oft stolperte ich in Löcher und Gräben; es war so dunkel, dass ich nichts sehen konnte. Manchmal lag ich ausgestreckt in einem Graben, in den ich gefallen war, seufzte und vergoss ein paar Tränen darüber, in welch schlimmer Lage wir uns befanden. Doch bald darauf nahm ich meine Last wieder auf und setzte meinen Weg fort.

Ich fand weitere Arbeit im Dorf und fertigte Betten und Tische. Meine Arbeitgeber waren sehr zufrieden mit mir. Ich arbeitete von Sonnenaufgang bis Sonnenuntergang, fast pausenlos. Ich dachte nur an meine Familie und machte mir ständig Sorgen um sie. In jenem kleinen Dorf war es ruhig – es waren noch keine Deutschen dort.

Einmal überraschte mich auf dem Heimweg ein schweres Gewitter. Ich musste es vor Tagesanbruch nach Hause schaffen. Meine Familie wartete auf mich. Ich war nass bis auf die Haut, und die Wege waren rutschig vor lauter Matsch. Ich kam nur mühsam voran, aber ich freute mich, auf dem Weg zu meinen Lieben daheim zu sein. Ich hatte Chełm schon fast erreicht und mich zu einer Verschnaufpause hingesetzt, als ich mich umblickte und ein Stück von mir entfernt sah, dass mir jemand auflauerte. Ich zitterte vor Angst. Dann erhob ich mich und setzte mich vorsichtig und leise in Bewegung. Als ich näher kam, erkannte ich voller Erleichterung, dass ich mich umsonst gefürchtet hatte. Der Grund für mein Erschrecken stellte sich als verwachsener Baumstumpf heraus, der von Weitem wie ein Mensch ausgesehen hatte. Wie erleichtert ich war!

Als ich schließlich zu Hause ankam, empfing mich meine Frau mit schlechten Neuigkeiten: Juden wurden auf den Straßen festgenommen, Juden wurden an Ort und Stelle erschossen, weil sie wie ich versucht hatten, sich in benachbarte Dörfer zu stehlen. Ich stand vor einem Abgrund – ich wusste nicht mehr, was ich tun sollte. Ich hatte Angst, weiter ins Dorf zu gehen, also blieb ich zu Hause. Doch das Essen ging rasch zur Neige, und wir mussten anfangen, uns das Wenige, das uns noch blieb, einzuteilen. Auf Anschlagbrettern wurde verkündet, dass man eine jüdische Polizei zusammenstellte, also würde es bald jüdische Polizisten geben, die die Befehle der Deutschen ausführten. Unterdessen verschwanden immer mehr Juden. Ich hörte die SS brüllen, wenn sie Leute aufgriffen. Die SS-Männer waren roh und schrien ständig mit gellender Stimme: «Dreckige Juden, verfluchte Juden!» Sie kamen überraschend in Wohnungen gestürmt, um Juden zur Zwangsarbeit zu verpflichten oder sie einfach zu ermorden.

Sobald die jüdische Polizei eingesetzt worden war, wurde eine neue Verordnung erlassen: Alle Juden hatten eine bestimmte Menge Gold abzugeben. Alle rannten los und übergaben im Büro des Judenrats ihr Gold. Sie glaubten, sie könnten sich retten, indem sie ihr Gold aushändigten. Bis jetzt war alles chaotisch und unklar gewesen, aber mit dem Dekret empfanden die Menschen Erleichterung: Endlich gab es einen Anhaltspunkt – man konnte sich und seine Familie retten, wenn man sein Gold hergab. Eigentlich wusste niemand genau Bescheid, doch alle wollten unbedingt glauben, dass alles, was geschah, einer bestimmten Logik folgte. Als das eingesammelte Gold offiziell den Deutschen übergeben wurde, kamen die Juden aus ihren Häusern und bewegten sich sicher auf den Straßen, denn sie hatten das Gefühl, verschont worden zu sein. Die Gefahr war gebannt – sie würden es jetzt schaffen! Das Schlimmste war vorbei.

Doch die wenigen friedvollen Tage waren schnell vorüber. Es dauerte nicht lange, und wir hörten wieder, dass Juden zur Zwangsarbeit verschleppt wurden. Erneut hallten die brutalen Schreie der SS-Männer durch die engen Gassen, und einige Juden wurden erschossen. Da es für die jüdischen Männer so gefährlich war, auf die Straße zu gehen, stahlen sich ihre Frauen nachts nach draußen, um christliche Bekannte zu treffen und ihnen im Austausch für Nahrungsmittel etwas zu verkaufen. Die schlechten Zeiten waren wieder da.

Bald wurde eine weitere Verfügung erlassen: Alle Juden hatten dem Judenrat eine bestimmte Menge an Wolle zu übergeben. Auf den Straßen kehrte wieder für eine Weile Ruhe und Frieden ein, während die Wolle eingesammelt wurde. Es dauerte ein paar Tage, bis der Judenrat die geforderte Menge an Wolle beisammen hatte. Wer nicht in der Lage war, das für seine Familie festgesetzte Kontingent an Wolle zu liefern, wurde von der jüdischen Polizei heimgesucht. Dabei war es der jüdischen Polizei völlig egal, ob man überhaupt genug Wolle hatte oder sie sich hätte besorgen können. Sie wollte weder Erklärungen noch Ausreden – nur die Wolle. Wer keine Wolle hatte – oder nicht genügend – konnte sich von seinem Heim, seinen Lieben und seinem Leben verabschieden. Endgültig.

Nach der Wollabgabe wurde es wieder eine Zeit lang ruhig. Juden bewegten sich frei. Das Schlimmste war vorüber, und sie hatten es überlebt. Jetzt würden sich die Dinge sicher bessern. Die Menschen kamen auf der Straße in Grüppchen zusammen, um sich zu unterhalten und Neuigkeiten auszutauschen. Wirkliche Neuigkeiten hatten sie sich keine mitzuteilen, nur Gerüchte. Optimistische Gerüchte.

Plötzlich umstellten die jüdische und die deutsche Polizei die Straßen, um alle jüdischen Männer, die sie schnappen konnten, zur Zwangsarbeit zu verschleppen. Die Juden, die sie erwischten, schlugen sie gnadenlos zusammen. Mütter stießen hysterische Schreie aus, während ihre Kinder erbarmungswürdig weinten – die Frauen wussten nicht, wohin man ihre Männer brachte. Einige Zeit später war es ein paar Männer gelungen, von der «Zwangsarbeit» zu fliehen, und sie humpelten zurück in die Stadt. Manche waren schrecklich verstümmelt worden. Mein Vater war schwer zusammengeschlagen worden. Mich hatte man zunächst auch erwischt, aber ich hatte Glück. Ich wurde brutal verprügelt und mein Körper war blutüberströmt, doch ich schaffte es wieder nach Hause. Damals gab es ja noch keine Konzentrationslager. Es war erst der Anfang des Albtraums.

Bald befahl man uns, dem Judenrat alle Pelze (Mäntel, Kragen usw.) auszuhändigen. Von überallher kamen Juden mit ihren Pelzen angerannt. Der bekannte Ablauf wiederholte sich. Nachdem die Übergabe der Pelze stattgefunden hatte, kamen die Juden von ihren Dachböden, aus ihren Bunkern und Verstecken gekrochen und kümmerten sich um ihre alltäglichen Geschäfte. Und die Deutschen marschierten auf den Straßen, ohne auch nur eine Person festzunehmen, ohne Juden zu schlagen oder sie zu belästigen. Die Juden fühlten sich wieder «sicher» – das Schlimmste war vorbei. Ihre Namen waren ganz bestimmt auf der «Liste» – einer Liste, die der Judenrat den Deutschen übergeben hatte, auf der erfasst war, wer seine Pelze, Wolle, sein Gold usw. übergeben hatte und wie viel jeder «beigetragen» hatte.

Doch nichts hatte sich geändert: Wenn ein reicher Mann festgenommen wurde, um zu schwerer Arbeit gezwungen zu werden, gab es für ihn noch immer einen Ausweg – er konnte dem Judenrat eine große Summe Geld geben, und dann wurde an seiner statt ein armer Jude von der jüdischen Polizei aufgegriffen und den Deutschen ausgeliefert, während man den reichen laufen ließ. Mehrmals versuchte man, mich als «Ersatz» einzufangen, doch mir gelang immer wieder die Flucht.

In den letzten Novembertagen des Jahres 1939 erschien ein neuer Aushang an allen Anschlagbrettern und Häuserwänden: Alle jüdischen Männer im Alter von 14 bis 60 sollten sich am 1. Dezember auf dem «Pletzl» melden, dem kleinen Marktplatz im Stadtzentrum, wo Juden Stände hatten und verschiedene Waren verkauften. Das verwirrte die Juden. Was hatte das zu bedeuten? Einer wandte sich an den anderen, um zu fragen, was zu tun sei, aber niemand hatte eine Antwort. Es sah schlecht aus.

Am frühen Morgen des 1. Dezember ging ich auf die Straße und sah jüdische Männer ziellos umherlaufen wie streunende Hunde. Sie hatten große Angst und waren voller Panik. Manche liefen hin und her, während andere wieder nach Hause rannten. Die Männer diskutierten untereinander: Sollten sie sich am Pletzl melden oder nicht? Ich näherte mich dem Pletzl, blieb aber in sicherer Entfernung, um zu sehen, was dort vor sich ging. Ich versuchte für mich herauszufinden, was wohl die richtige Entscheidung wäre. Wie die anderen befand ich mich in einem Dilemma. Meine Eltern lebten ganz am Rande der Stadt, also eilte ich zu ihnen und fragte meinen Vater, was ich tun sollte. Er wusste aber auch nicht, was er mir sagen sollte – niemand konnte mir in diesem Augenblick einen Rat geben. Denn die missliche Lage, in der wir uns befanden, war für alle neu. Auch meine Frau Jocheved wusste nicht, was sie mir raten sollte.

Nach einer Weile beschloss ich, mich doch besser beim Pletzl zu melden. Dann überlegte ich es mir wieder anders und entschied mich dagegen. Ich änderte mehrmals meine Meinung, bevor ich mich letztendlich dazu durchrang, mich zu melden. Als ich mich dem kleinen Platz näherte, sah ich Gruppen jüdischer Frauen in einiger Entfernung stehen. Christen liefen unbehelligt herum. Ich versuchte wieder, von Weitem zu erkennen, was genau vor sich ging. Es war acht Uhr morgens. Ich nahm die Armbinde mit dem Davidstern ab und steckte sie in meine Jackentasche. Ich hatte ein «gutes» Gesicht – ich sah nicht jüdisch aus. Und so mischte ich mich unter die christlichen Zuschauer, die ebenfalls ziemlich nervös und ängstlich waren.

Ich sah Massen jüdischer Männer und Burschen, die sich auf dem Marktplatz meldeten. Mir fiel besonders auf, wie viele 14- bis 16-Jährige darunter waren. Als ein Jude sich bei den uniformierten SS-Männern meldete, die in voller Pracht mit blank polierten Stiefeln und ihren langen Peitschen dastanden, bekam er zum «Auftakt» einen Peitschenhieb auf den Hinterkopf. Viele Juden riefen «Shma Jisrael» («Höre, oh Israel») und blieben einfach stehen, nachdem sie geschlagen worden waren. Todesangst überkam mich, als ich dastand und Zeuge der Schläge wurde. Ich entfernte mich rasch vom Pletzl und lief nach Hause. Ich beschrieb meiner Frau, was ich gesehen hatte, und fragte sie: «Jocheved, was soll ich tun? Soll ich mich dort melden?» Sie fing an zu weinen – sie wusste nicht, was sie mir sagen sollte. In dieser Zeit und unter diesen Umständen musste jeder selbst entscheiden. Niemand konnte Ratschläge erteilen. Ich schloss meine Frau und meinen Sohn in die Arme, und wir weinten alle drei.

Ich ging wieder auf die Straße und lief zu meinem Onkel Mechel. Ich trug noch immer nicht die vorgeschriebene Armbinde mit dem Davidstern. Mechel hatte alles gesehen, weil eines seiner Fenster auf den Marktplatz hinausging. Ich fragte ihn, was er zu tun gedachte, und er sagte, er würde sich nicht melden. Doch dabei lief er äußerst nervös hin und her, hatte Tränen in den Augen und rang mit seinen Gedanken und seinem Gewissen. Seine Frau weinte, seine Tochter Ruchale ebenso. Und auch mir kamen die Tränen, als ich aus dem Fenster blickte und sah, wie sich immer mehr Juden meldeten. Währenddessen verging die Zeit, und es würde bald zu spät sein, selbst wenn wir uns noch melden wollten. Mein Onkel Mechel rannte inzwischen wie ein Wahnsinniger durch die Wohnung. Irgendwann gab er mir gar keine Antwort mehr und schien alles um sich herum nicht mehr wahrzunehmen. Seine Frau fürchtete, was passieren würde, wenn ich bei ihnen bliebe. Wenn die SS käme und uns beide dort anträfe, würde das die Situation für alle verschlimmern. Ich sah ein, dass sie recht hatte. Durch meine Anwesenheit brachte ich sie in Gefahr.

Ich verließ Mechels Haus und rannte wie ein Verrückter los. Ich nahm einen Umweg von ihrem Haus weg und kletterte in den Keller eines anderen Hauses. Dort versteckte ich mich und dachte nur daran, dass die SS mich aufspüren und sofort erschießen würde. Ich hatte Angst, den Keller zu verlassen. Ich überlegte, ob es nicht vielleicht doch ein Fehler gewesen war, mich nicht beim Pletzl zu melden. So verbrachte ich viele Stunden in schrecklicher Angst in dem Keller, weinend und stöhnend. Ich fragte mich, was wohl mit jenen Männern passiert war, die sich gemeldet hatten. Ich hörte Schüsse und glaubte zu vernehmen, dass die Schüsse sich dem Keller näherten, in dem ich mich versteckt hielt. Vielleicht suchten sie nach mir. Ich hatte Angst, auch nur einen Muskel zu bewegen.

Nach einiger Zeit nahm ich allen Mut zusammen und spähte durch eine Mauerritze nach draußen. Ich sah, dass es langsam dunkel wurde. Ich wartete ein bisschen und hörte bald Stimmen, doch ich konnte nicht verstehen, was sie sagten. Als es ganz dunkel geworden war, stand ich auf und verließ den Keller. Draußen sah ich jüdische Frauen und Kinder, die hemmungslos weinten. Sie erzählten mir, was mit jenen jüdischen Männern geschehen war, die sich beim Pletzl gemeldet hatten. Man hatte sie die Straße zum Hrubieszów-Wald entlanggetrieben, und sobald sie den Wald erreichten, hatten die Deutschen mit Maschinenpistolen auf sie geschossen. Ein paar Juden war es gelungen, zu fliehen und nach Hause zurückzukehren, und sie erzählten, dass die Deutschen zu Pferde gewesen waren und mit automatischen Waffen alle Juden niedergeschossen hatten.

Über Schleichwege kam ich wieder zu Hause bei meiner Familie an. Da ich meiner Frau gesagt hatte, dass ich mich beim Pletzl melden würde, fürchtete ich, dass sie in Ohnmacht fallen würde, wenn sie mich sähe, also sprach ich ganz leise. Mein Sohn und meine Frau umarmten und küssten mich. Sie hatten geglaubt, ich sei tot. Die Freude in meinem einfachen Heim war riesengroß. Über die kleinen Gassen machte ich mich auf den Weg zu meiner Schwester, wo ich meinen Vater traf. Er hatte sich ebenfalls nicht gemeldet. Voller Freude fielen wir uns in die Arme. Ich erzählte ihm, wie ich mich in dem Keller versteckt und dass ich die Schüsse gehört habe. Das Haus meines Vaters zeigte in Richtung des Waldes, in den man die Juden getrieben hatte. Er hatte die Schreie und die Schüsse gehört und erzählte mir alles.

Dann ging ich zu Mechel nach Hause und traf dort seine Frau und Tochter in Tränen aufgelöst an. Ich wusste sofort, dass Mechel sich beim Pletzl gemeldet haben musste, aber ich wagte nicht zu fragen. Schließlich erkundigte ich mich doch danach, was mit meinem Onkel passiert war. Seine Frau antwortete mir nicht – sie weinte so bitterlich, dass sie nichts sagen konnte. Plötzlich wusste ich, was ich tun musste, und versicherte ihr: «Warte. Du wirst sehen – er wird zurückkommen.» Da beruhigte sie sich etwas und hörte auf zu weinen – ich hatte ihr eine Hoffnung gegeben, an die sie sich klammern konnte. Nachdem sie sich die Tränen aus dem Gesicht gewischt hatte, erzählte sie, wie sehr sich Mechel aufgeregt hatte, als er sah, was sich vor seinem Fenster abspielte, dass er wie ein Verrückter umhergerannt sei. Dann sei er plötzlich aus dem Haus gestürzt, um sich auf dem Pletzl bei den Deutschen zu melden. Er war immer ein sehr rechtschaffener Mann gewesen und wahrscheinlich fühlte er sich verpflichtet, dem offiziellen, dem «legalen» Polizeibefehl zu gehorchen und sich zu melden. Seine Frau und seine kleine Tochter hatten vom Fenster aus beobachtet, wie man ihm mit der Peitsche auf den Kopf geschlagen hatte.

Ich verließ Mechels Haus und machte mich auf den Heimweg. Kleine Gruppen von Juden standen auf den verwaisten Straßen und sprachen leise und gedämpft, beinahe flüsternd miteinander. Ich hörte, wie ein Entflohener erzählte, wie die Deutschen auf ihren Pferden immer weiter auf die Juden geschossen hatten. Wenn ein Jude nicht schnell genug wegrennen konnte, genügte ein Schuss, um ihn zu erledigen. Auf beiden Seiten der Straße gab es recht tiefe Gräben, also wurden die Leichen der Erschossenen in den Gräben entsorgt. Der gesamte Weg nach Hrubieszów war übersät mit Leichen. Sie trieben die armen Juden zusammen wie eine Herde Schafe, die von Wölfen angegriffen wurde, und es wurden stets weniger. Die Deutschen brüllten und schrien: «Los, los, verfluchte Juden!» 1.800 Juden hatten sich beim Pletzl gemeldet. Zuerst wurden die Krüppel erschossen. Dann wurde jeder erschossen, der ein paar gute Schuhe oder Stiefel trug. Wer müde wurde – wurde erschossen. Die Schwachen – wurden erschossen. Die 14- bis 15-Jährigen – erschossen. Die Juden mussten schnell laufen, und wer zurückblieb – wurde erschossen. Die Jüngsten wurden erschossen, weil ihre weichen Fußsohlen Blasen bekamen und sie nicht mehr gehen konnten.

Eines verstehe ich nicht: Diese Juden hatten direkt vor Augen, welches Schicksal ihnen bevorstand. Sie sahen, wie der Tod über ihnen hing, sich einen Juden nach dem anderen nahm. Ich verstehe nicht, warum sie nicht auf die Deutschen losgingen oder warum sie nicht in unterschiedliche Richtungen davonrannten. So viele Deutsche waren es gar nicht. Und es waren ziemlich viele Juden. Sie hätten etwas erreichen können. Zugegeben, der Hrubieszów-Wald hatte keinen dichten Baumbestand, aber trotzdem – der Wald erstreckte sich über eine weite Fläche. Die Deutschen hätten nicht alle umbringen können. Nicht einmal die Hälfte von ihnen. Und die Juden sahen mit eigenen Augen, wie ihre Anzahl von einer Minute zur anderen weniger wurde.

Die SS-Männer brüllten wie wilde Tiere den ganzen Weg von Chełm nach Hrubieszów, einer Strecke von 15 bis 20 Kilometern. Die gesamte Straße quoll vor Blut und Leichen über. Jene Juden, die entkommen und zurückgekehrt waren, sahen furchtbar aus – die meisten waren schwer verletzt. Ein Bekannter erzählte mir, dass er mit eigenen Augen gesehen habe, wie mein Onkel Mechel am Rande von Hrubieszów erschossen wurde. Von den ursprünglich 1.800 Männern überlebten 200 bis 300. Sie glaubten, dass man sie freiließe. Doch als sie nach Hrubieszów kamen, wurden sie auf dem Marktplatz aufgereiht. In Hrubieszów hatte man die jüdischen Männer ebenfalls antreten lassen, und nun stellte man sie zusammen mit den Überlebenden aus Chełm auf. Die Juden aus Hrubieszów sahen die Überlebenden aus Chełm fragend an, doch diese hatten Angst, etwas zu sagen, weil die Deutschen sie beobachteten. Die Frauen und Kinder aus Hrubieszów weinten herzzerreißend, ähnlich wie es in Chełm gewesen war.

Dann wurden die jüdischen Männer aus Chełm und Hrubieszów aus dem Ort getrieben. Wieder begann die Schießerei. Die Überlebenden trieb man zum Fluss Bug. Auf der anderen Seite waren die Russen, die dort eine Stadt namens Sokal besetzt hatten. Als die Juden sich dem Fluss näherten, begannen die Deutschen willkürlich in die Menge zu feuern. Viele Juden wurden getötet, die übrigen flüchteten sich ins Wasser. Wer gut schwimmen konnte, schaffte es ans andere Ufer zu den Russen, doch viele Juden ertranken. Die Ufer des Bug waren mit jüdischen Leichen übersät. Derweil hatten auch die Russen zu schießen begonnen, schließlich wurde die Grenze plötzlich von einem Haufen Männer gestürmt. Die Russen wussten nicht, was los war. Als alles vorüber war, standen die Deutschen am Flussufer und lachten aus vollem Herzen. Sie hatten sich köstlich amüsiert!

Inzwischen verbreiteten sich in Chełm schlechte Neuigkeiten – man würde uns in ein Ghetto sperren. Allerdings stellte sich heraus, dass wir nicht in einem völlig geschlossenen Ghetto bleiben mussten. Wir würden uns auf bestimmte Zonen beschränken müssen – ein kleines Areal. Und wir dürften uns nicht auf «christlichen» Straßen aufhalten. Diese Neuigkeit erfüllte uns mit Entsetzen, denn es bedeutete, dass wir verhungern würden. Wenn man sich nicht frei bewegen kann, wäre man auch nicht in der Lage, Handel oder Tausch um Nahrungsmittel zu betreiben. Der Leiter des Judenrats, Biedermann, befahl, dass wir in das für uns bestimmte kleine Gebiet umsiedeln sollten. Er war kein schlechter Mensch; er musste uns diesen Befehl erteilen, denn er hatte in der Sache nicht zu bestimmen. Er war ein gebildeter Mann und längst nicht so schlecht wie andere führende Judenratsmitglieder, von denen ich gehört hatte.

Wir beweinten dieses Unglück. Wie könnten drei oder vier Familien in einem Raum leben? Doch weinen half nichts – da wir schon in der nun abgesperrten Zone lebten, mussten wir unsere Wohnung nicht verlassen; fortan belegten wir allerdings nur noch eine kleine Ecke in einem der Zimmer. Unsere Wohnung war nun bevölkert von umgesiedelten Familien – Fremden. Als der Befehl zur Umsiedelung erteilt wurde, sahen wir, wie Juden fieberhaft zur Tat schritten – wie sie das Wenige, das ihnen geblieben war, zusammenpackten und hoch aufgetürmt auf kaputten und wackeligen Kinderwagen durch die Straßen manövrierten. All diese erzwungenen Umzugsaktivitäten waren begleitet von Weinen, Kreischen und Klagen. Was sich auf den Strassen abspielte, war furchtbar. Manche buckligen alten Juden und alte Frauen versuchten, ihre Habseligkeiten auf den Schultern zu tragen, und schleppten sich die dunklen Gassen entlang. Und die meisten, nicht nur die Alten, glichen inzwischen Skeletten. Sie sahen geschlagen aus, nicht mehr wie Menschen, sondern wie Leichen. Viele hatten das Gefühl, dass wir ohnehin dem Untergang geweiht waren. Ob wir nun verhungern oder aus anderen Gründen sterben würden, war unerheblich – wir würden so oder so sterben. Manche Juden sagten: «Warum stürzen wir uns nicht einfach auf die Deutschen – wir haben doch nichts zu verlieren?» Doch die meisten waren zu verängstigt, um etwas zu unternehmen.

Die SS kam mit Hunden, um unser Sperrgebiet zu «inspizieren». In ihren polierten Lederstiefeln wirkten sie meterhoch. Viele Juden fielen beim Anblick dieser scheinbar übermenschlichen Riesen in Ohnmacht. Manche Deutsche kamen aus Neugier, um uns anzusehen. Andere kamen, um Juden zur Zwangsarbeit zu verschleppen. Nun, da die Juden sich auf ein kleines Areal konzentrierten, musste die SS nicht mehr überall nach ihnen suchen, um sie festzunehmen. Sie konnten jetzt viel leichter gefasst werden.

Nun nahmen sie auch Frauen und Mädchen in die Zwangsarbeit. Jeden Morgen mussten sich die Juden auf der Straße aufstellen. Alle hielten einen Löffel und einen kleinen Topf in der Hand. Die Füße der jungen Mädchen steckten in Lumpen – sie hatten keine Schuhe. Die SS kam mit der jüdischen Polizei, die für Ordnung sorgte, und griff Einzelne heraus. Jene, die ausgewählt wurden, waren schon schwach, also konnten sie keine schwere Arbeit leisten. Die SS schlug sie jedoch fürchterlich, während sie arbeiteten. Viele, die Schläge auf den Kopf bekommen hatten, starben am Arbeitsplatz und wurden dort hastig verscharrt. Nach einigen Tagen kehrten die Überlebenden zurück und erzählten, was ihnen Furchtbares zugestoßen war.

Meine Frau und ich fragten uns, wie wir so weiterleben konnten. Wie lange würden wir noch durchhalten? Uns quälte der Hunger, und unser Sohn Jossele sah jeden Tag schlechter aus. Ich hatte einen kleinen Teil der Waren versteckt, aber es war schwer für mich, an das Versteck heranzukommen, da es sich außerhalb des Sperrgebiets befand. Als es mir einmal gelungen war, etwas Ware zu ergattern, ergriffen meine Frau und ich die Chance. Eines Nachts nahmen wir unsere Davidstern-Armbinden ab und gingen zu einem freundlichen Christen, der in einer nicht-jüdischen, polnischen Straße lebte. Wir setzten unser Leben aufs Spiel; wir hätten auf der Stelle erschossen werden können – Ausreden waren nicht erlaubt. Mein christlicher Bekannter bekam es mit der Angst zu tun, als er uns sah, und bekreuzigte sich immer wieder. Welch ein Risiko wir eingegangen waren, sagte er uns. Wir gaben ihm die Ware, und er händigte uns dafür Nahrungsmittel aus. Dann ging er leise zum Fenster, spähte sehr, sehr vorsichtig nach draußen und sagte uns, dass wir gehen konnten. Wir rannten hinaus, die Angst lähmte uns. Dann liefen wir querfeldein und Nebenstraßen entlang. Wir versteckten uns in einem Graben, weil wir in einiger Entfernung einen Deutschen erkannten. Als wir ihn nicht mehr sehen konnten, klettern wir wieder aus dem Graben heraus. Die Angst, die wir durchlebten, lässt sich nicht mit Worten beschreiben. Als wir endlich wieder zu Hause waren, wirkten unsere Mitbewohner etwas feindselig und verärgert. Sie sagten, unser Baby habe dauernd geschrien und sie gestört, und unser Sohn sei aufgewacht und habe ständig gejammert: «Essen, bitte, etwas zu essen! Ich habe Hunger, solchen Hunger!» Meine Frau und ich packten das Essen aus, das wir besorgt hatten, und gaben unseren Mitbewohnern etwas davon ab. Dann weckten wir die Kinder; meine Frau stillte das Baby, und wir gaben unserem Sohn etwas zu essen. Er aß mit solchem Genuss. Seine Augen glänzten vor Freude.

Wir hörten, dass spezielle Lager gebaut wurden, in denen Juden umgebracht werden sollten. Die Nachricht von der Existenz solcher Orte sickerte zu uns durch, doch uns kamen so viele Gerüchte zu Ohren, dass wir diesem keine besondere Aufmerksamkeit schenkten. Wir glaubten, was wir glauben wollten, und diesem Gerücht wollten wir ganz bestimmt keinen Glauben schenken.

Eines Tages wurde ich auf der Straße festgenommen, um zur Zwangsarbeit verpflichtet zu werden. Gemeinsam mit anderen wurde ich zu einigen großen Schlitten geführt, die wir dann schieben und ziehen mussten, während die SS-Männer ständig brüllten: «Schnell! Schnell! Los! Los!», und uns dauernd mit ihren Peitschen schlugen. Ich machte mir Sorgen, weil meine Frau nicht zu Hause war, als die Deutschen mich aufgriffen, und deshalb in Sorge sein würde, weil sie nicht wusste, was mit mir geschehen war.

Die SS-Männer saßen auf den Schlitten, und wir zogen und schoben, während sie immer wieder auf uns eindroschen. Ich glaubte, mein letztes Stündchen habe geschlagen – ich würde meine Lieben nie wiedersehen. Zwei Stunden ging das so weiter, bis wir ein Waldstück erreichten. Als man uns befahl anzuhalten, überkam uns große Angst – wir glaubten, dass die Deutschen vorhätten, uns dort zu erschießen. Doch sie erklärten uns, dass wir die Aufgabe hätten, die Hasen aus dem Wald zu treiben, damit sie sie erlegen könnten. Wir sollten die «Treiber» sein.

Das Gelände war sumpfig. Wir sanken bis zu den Knien ein, doch wir mussten die Hasen jagen. Einige Juden brachen im Schlamm zusammen und erstickten darin. Vielleicht hatten sie einen Herzinfarkt erlitten. Der mit Schnee vermischte Schlamm machte das Fortkommen sehr schwer. Wir mussten die Hasen an den Waldrand treiben, und wenn sie zwischen den Bäumen auftauchten, schossen die Deutschen auf sie. Wir jagten die Hasen den ganzen Tag, während wir selbst von ein paar schimpfenden und fluchenden Deutschen gejagt wurden. Es schien unmöglich, in dem Schlamm überhaupt etwas zu jagen, doch wir hatten solche Angst, dass wir unser Bestes gaben.

Sie beluden die Schlitten mit den toten Hasen, und als es langsam dunkel wurde, mussten wir die Schlitten wieder zurückschieben und -ziehen. Wir wussten nicht, ob die Deutschen uns anschließend am Leben lassen oder töten würden. Wir waren schweißgebadet. Wir hatten den ganzen Tag nichts gegessen und waren ohnehin in einem geschwächten Zustand. Schließlich brachten wir die Schlitten zu einer ehemaligen Nervenheilanstalt am Rande von Chełm, in der sich SS-Offiziere einquartiert hatten.

In dieser Nervenheilanstalt gab es einen berühmt-berüchtigten SS-Mann – eine Kreatur mit blondem Haar und einem zornesroten Gesicht. Er war ein echter Mörder – eine wilde Bestie. Wenn Juden dorthin gebracht wurden, stellte er sie in einer Reihe an die Wand und erschoss sie. Er musste von unserer Ankunft gewusst haben, denn wir hörten ihn schon von Weitem vor Freude brüllen. Wie ein Verrückter kam er angerannt und schlug gnadenlos mit der Peitsche auf unsere Köpfe ein. Er schien jeden Moment zu genießen. Als sein sadistischer Trieb befriedigt war, ließ er uns gehen.

Ich schleppte mich nach Hause und erzählte meiner Frau von meinem Tag. Sie erschrak, als sie mich sah – ich war blutüberstromt und von oben bis unten voller Striemen. Sie reichte mir einen Happen zu essen – viel gab es nicht –, und ich brach in Tränen aus. Ich weinte vor Freude, Freude darüber, dass ich wieder mit meinen Lieben, meiner Familie zusammen sein konnte. Ich hatte das Gefühl, noch einmal davongekommen zu sein.

Am nächsten Tag stand ich sehr früh auf, weil ich «Arbeit» (natürlich unbezahlt) bei den Bewässerungsgräben der Abteilung für Wasserwirtschaft gefunden hatte. Tausende von Juden «arbeiteten» dort. Auf der Straße vor unserem Haus kam ein Deutscher auf mich zu. Ich nahm vor ihm die Mütze ab, wie man uns angewiesen hatte, und ging weiter. Er rief mir hinterher, ich solle stehen bleiben, und fing an zu schimpfen: «Warum hast du deine Mütze für mich abgenommen? Wir sind doch alle Kameraden, also brauchst du das nicht zu tun.» Ich sagte nichts dazu, bleib einfach stehen. Er gab mir einen Klaps und wies mich an, noch einmal zurückzugehen und dann an ihm vorbeizulaufen, ohne die Mütze abzunehmen. Also tat ich, was er mir gesagt hatte. Da fing er wieder an zu brüllen – jetzt war er wütend, weil ich die Mütze nicht abgenommen hatte: «Missachtest du vorsätzlich einen Reichssoldaten?» Er wollte mich quälen und foltern. Inzwischen war ich ganz durcheinander. Er befahl mir, mich zu verbeugen und einen Kniefall vor ihm zu machen, dann ließ er mich gehen.

Ich hatte mich nur ein kleines Stück von ihm entfernt, da wurde ich wieder aufgegriffen, um Zwangsarbeit zu leisten. Ich wurde in eine Menge blutig geschlagener Juden gestoßen, dann trieb man uns zwei Stunden lang voran, bis wir ein Feld erreichten. Man befahl uns, uns in Viererreihen aufzustellen, dann gab man uns Schaufeln. Die Deutschen schlugen uns mehrmals auf den Kopf und befahlen uns, Gräben auszuheben. Wir erstarrten vor Schreck – wir nahmen an, dass wir unsere eigenen Gräber schaufelten. Doch als wir fertig waren, schickte man uns in ein anderes Feld, um dort weitere Gräben zu schaufeln. Irgendwann wurde uns klar, dass wir Torf stachen. Während wir gruben, füllten sich die Gräben mit kaltem Wasser. Darin verbrachten wir einen ganzen Tag ohne zu essen oder zu trinken, schaufelnd.

Als es dunkel wurde, brüllten die Deutschen uns an: Der Torf musste auf einen Wagen geladen werden. Sie hieben auf uns ein, um sicherzustellen, dass der Torf exakt auf eine ganz bestimmte Weise aufgeschichtet wurde. Wer beim Aufschichten schlampig war, wurde noch heftiger geschlagen. Dann mussten wir den Wagen zurückziehen, während die SS-Männer oben drauf saßen, «Los! Los!» brüllten und weiter auf uns eindroschen. Wir zogen den schwer beladenen Wagen zur Nervenheilanstalt. Dort gab es Keller mit schweren Abdeckungen, ähnlich wie in einem Wurzelkeller. Jeder von uns musste die Abdeckungen hochheben. Wem dies nicht gelang, wurde ausgepeitscht, bis er ohnmächtig wurde. Die SS-Männer droschen voller Genuss auf uns ein, als hätten wir sie persönlich beleidigt. Nach dem Entladen wurden wir angewiesen, uns mit erhobenen Händen an die Wand zu stellen. So standen wir stundenlang und rechneten jeden

Augenblick damit, erschossen zu werden. Ein SS-Mann sagte uns, man würde uns erschießen, also sprachen wir leise unser «Vidui» (letztes Beichtgebet). Die Deutschen brüllten, wir sollten erst bis zehn, dann bis zwanzig zählen. Sie erschossen einen Juden. Dann quälten sie uns mit gespielten Befehlen «fertig – anlegen – feuern» und anderen «Spielen». Irgendwann hatten wir verstanden, dass sie es darauf anlegten, uns einzuschüchtern. Das machte ihnen großen Spaß. Endlich, als es so schien, als würden unsere Nerven es nicht länger ertragen, scheuchten sie uns mit ihren Peitschen vom Gelände.

Ich schleppte mich nach Hause. Mein kleiner Sohn sprang an mir hoch, als ich zur Tür hereinkam, und fragte, wo ich den ganzen Tag gewesen sei, warum ich so spät heimkomme. Was sollte ich ihm sagen? Litt das arme Kind nicht schon genug? Musste ich den Schrecken, den er erlebte, noch verschlimmern? Und was konnte ich ihm denn sagen? Wie konnte ich ihm erklären, dass ein Deutscher, den ich vor dem Krieg gekannt hatte, mit dem ich Handel getrieben und Tee getrunken hatte, jetzt ein Volksdeutscher war, der größte Freude daran hatte, Juden zu quälen? Meine Frau hielt das Baby in ihren Armen und weinte bei meinem Anblick. Sie brauchte mich nicht zu fragen, was passiert war – sie konnte es in meinem Gesicht lesen. Sie gab mir etwas zu essen. Es war sehr wenig, doch ich konnte sie nicht um mehr bitten, denn ich wusste, was sie mir antworten würde: Sie hatte nichts mehr, das sie mir geben konnte. Am Verhungern zu sein ist nicht etwas, das sich mit Worten erklären lässt. Nur wer das erlebt hat, weiß, wie es ist. Jemand, der Hunger leidet, ist kein Mensch mehr – er ist bloß noch ein Tier mit einem einzigen Ziel – Nahrung. Etwas anderes interessiert ihn nicht.

Am nächsten Morgen nahm ich eine Nebenstraße, um zu den Wasserwerken zu gelangen. Ich wollte nicht noch einmal aufgegriffen werden und Zwangsarbeit leisten müssen. Als ich dort ankam, lief der zuständige SS-Beamte auf mich zu und schalt mich: Warum war ich am Tag zuvor nicht zur Arbeit erschienen? Ich sagte ihm, was geschehen war, also griff er zum Telefon, um meine Geschichte zu überprüfen. In der Nervenheilanstalt bestätigte man meine Erklärung; sie hatten methodisch all unsere Namen notiert. Hätte ich nicht die Wahrheit gesagt, hätte mich der SS-Mann auf der Stelle erschossen.

Also arbeitete ich weiter in der Werkstatt der Wasserwerke. Für die Hauptarbeit, das Schaufeln von Bewässerungsgräben, hatten die Deutschen nur junge jüdische Mädchen eingesetzt. Sie waren einmal hübsch gewesen, doch jetzt sahen sie wie 80-jährige Frauen aus. Sie sahen aus wie in Lumpen gehüllte Skelette. Sie waren nur noch Haut und Knochen – erschöpft, ausgelaugt und barfuß. Man konnte sehen, dass sie einmal schön gewesen waren, jung. Sie mussten Bewässerungsgräben schaufeln, damit das Wasser ablaufen konnte. Tausende jüdischer Mädchen standen in den Feldern, knietief oder bis zur Hüfte im kalten Wasser, und die Deutschen riefen immerzu: «Schneller! Schneller!» Die Mädchen hatten Hunger; niemand gab ihnen zu essen. Wurden sie müde, brachte man sie in einen Raum und erschoss sie. Jeden Tag erschossen die Deutschen etwa 100 Juden auf diese Weise. Viele Juden starben einfach bei der Arbeit – sie kippten in den Feldern um. In dem Raum hielten sich immer zwei SS-Männer auf und warteten auf ihre Opfer. Das weiß ich, weil ich meine Arbeit in der Nähe verrichtete. Ich hörte die Schreie und dann den Schuss. In der Werkstatt arbeitete ich mit einer rumänischen Jüdin. Ich fragte sie: «Wie wird das alles noch enden? Wir werden die harte Arbeit nicht überleben.» Ich ging mit ein paar anderen Juden nach Hause, und wir sprachen darüber, dass es unmöglich war, unter diesen Umständen zu überleben.

Am folgenden Tag strengte ich mich an, doch mein Vorgesetzter, ein älterer deutscher Soldat (er muss beinahe 60 gewesen sein), schlug mich heftig mit der Peitsche. Er schlug mich gnadenlos. Ich baute Leitern. Zwei Deutsche näherten sich und fragten mich, was ich mit der rumänischen Jüdin geredet habe, der Putzfrau und allgemeinen Haushälterin der Werkstatt. Die Deutschen fragten mich nach meinen Papieren, prüften sie und nahmen mich mit in einen anderen Raum, wo zwei weitere Deutsche saßen. Einer schob mich unsanft auf einen Stuhl in der Mitte des Raums und befahl mir, ihnen genau zu erzählen, was ich der Frau gesagt hatte. Ich sagte, dass ich ihr gesagt habe, dass wir bei der schweren Arbeit und ohne Essen nicht mehr lange zu leben hätten. Ich hatte ihr auch gesagt, dass ich meiner Familie kein Brot nach Hause bringen könne. Die rumänische Jüdin hatte mich offensichtlich bei den Deutschen verraten. Sie stocherten immer weiter herum und wollten alles Mögliche über Kontakte wissen, die ich mit anderen «rebellischen» Juden gehabt haben könnte. Natürlich hatte ich keinerlei solche Kontakte. Ich hatte der Frau gegenüber nur ein paar unschuldige und aufrichtige Bemerkungen gemacht. Die Deutschen begannen, mich anzubrüllen, und befahlen mir, mich umzudrehen und meine Hose herunterzuziehen. Dann schlugen sie auf mich ein. Sie peitschten mich lange aus, bis ich das Bewusstsein verlor. Sie müssen einen Eimer Wasser über mich geschüttet haben. Dann ließen sie einen bösartigen Hund auf mich los, der mich fürchterlich biss. Dann stießen sie mich, der ich mich kaum auf den Beinen halten konnte, aus dem Raum und riefen mir hinterher, dass sie mich am nächsten Tag erledigen würden. Ich kroch nach Hause und sagte meiner Frau, dass wir am Ende seien. Sie weinte und mein Sohn ebenso. All dies geschah einen Tag vor Shavuoth 1942.

Am nächsten Tag sollte eine «Aktion» stattfinden. Meine Frau floh mit den Kindern zu meinen Eltern, die immer noch in einer Straße lebten, die mehrheitlich von Christen bewohnt war. Ich hörte draußen Schüsse. Ich spähte durch meinen kleinen Spalt nach draußen und sah, wie die Deutschen Juden erschossen und kleine Kinder aufgriffen und sie auf bluttriefende Wagen warfen. Ich sah, wie eine Frau versuchte, wegzurennen und sich zu verstecken. Sie wurde von einem Deutschen entdeckt, der auf sie zulief und sie auf der Stelle erschoss. Ihre Kinder stürzten sich auf ihre tote Mutter und wurden ebenfalls von den Deutschen erschossen. Die Deutschen waren überall auf der Suche nach neuen Opfern. Sie waren völlig durchgedreht. Ich musste weinen. Ich machte mir solche Sorgen um meine Familie.

Irgendwann hörte ich ein Klopfen an der Tür. Ich erkannte die Stimme meiner Mutter, also kletterte ich aus meinem falschen Balken und ließ sie hinein. Wir setzten uns, und sie erzählte mir, dass ein SS-Mann zu ihnen gekommen sei und meine Frau mit dem Baby an der Brust und unserem kleinen Jungen an der Hand gesehen habe. Der SS-Mann ließ sie in Ruhe. Sie hatten Glück gehabt, es war fast ein Wunder. Sie waren dem einen SS-Mann begegnet, der vielleicht noch einen Funken Menschenwürde in sich bewahrt hatte. Meine Mutter weinte bitterlich in der halben Stunde, die sie bei mir verbrachte, doch dann erhob sie sich, um zu gehen. Ich sagte: «Mama, wo willst du hin? Ich lasse dich nicht gehen. Siehst du nicht, dass sie in den Straßen Frauen und Kinder umbringen?» Doch meine Mutter war stur. Sie bestand darauf. Sie musste gehen. Sie hatte Wertsachen von Juden gesammelt und wollte diese den freundlichen Christen übergeben, die ihr zu essen gegeben hatten. Sie erklärte, dass sie ihre Schulden bei den Christen begleichen musste. Sie war eine sehr fromme und ehrliche Frau. Sie löste sich aus meinem Griff und verließ das Haus. Das war das letzte Mal, dass ich meine Mutter sah. Sie wurde auf der Straße von den Deutschen aufgegriffen und auf einen Lastwagen geworfen.

Kurz darauf kamen meine Frau und Kinder zurück. Sie erzählten, dass mein Vater der «Aktion» entkommen war, indem er sich auf dem Dachboden versteckte. Doch dann verrieten die christlichen Nachbarn den Deutschen sein Versteck. Die Deutschen holten ihn heraus, schlugen gnadenlos auf ihn ein und nahmen ihn fort. Meine Frau erkannte, dass sie nicht unter solchen Verrätern bleiben konnte, also kehrte sie nach Hause zurück. Meine Frau war realistisch; sie muss eine Vorahnung des Untergangs gehabt haben. Sie packte ein paar Windeln, Essen und eine kleine Decke zusammen. Nicht zu vergessen: Ich sollte ja gar nicht da sein. Ich hatte keine richtigen Papiere. Als wir schwere Schritte die Treppe heraufkommen hörten, flüchtete ich mich in meinen falschen Balken. Ich hörte, wie zwei SS-Männer die Wohnung betraten und meine Frau fragten: «Wo ist Ihr Mann?» Sie antwortete: «Ich habe keinen Mann mehr.» Sie wandten sich an meinen kleinen Jungen: «Wo ist dein Vater?» Er sagte: «Ich habe keinen Vater mehr.» Er war ein kluger Junge. Die SS-Männer schimpften «Verfluchte Juden!» und nahmen meine Frau und Kinder mit.

Ich hörte das Gebrüll der SS und das Schreien und Heulen der verängstigten Juden. Durch meinen Spalt sah ich, wie die Deutschen blutüberströmte Menschen wie Säcke aus den Häusern zerrten. Als ich später herauskam, sah ich, dass unser gesamtes Treppenhaus voller Blut war. Ich sah blutige Mützen auf den Stufen. Noch heute, so viele Jahre später, schlägt mein Herz heftig und schnell, wenn ich daran denke, doch wie könnte ich es vergessen? Wie könnte irgendwer so etwas vergessen?

Ich blieb in meinem Versteck, bis die Nacht hereinbrach, dann spähte ich hinaus und sah, dass Menschen unbehelligt herumliefen. Ich rannte zum Haus meiner Eltern und fand meine Schwester dort. Sie erzählte mir immer wieder, wie die christlichen Nachbarn meinen Vater verraten hatten und wie sie sich versteckt hatte, um zu überleben. Ich suchte meine Schwiegermutter auf, um zu sehen, wie es ihr ging.

Sie weinte fürchterlich; sie wusste, was passiert war. Ich fing auch an zu weinen. Jocheveds Mutter sagte, dass die Juden von einer Katastrophe heimgesucht wurden. Diese sei von Gott geschickt worden. Sie sagte, wir sollten nicht weinen, denn bald würde uns alle dasselbe Schicksal ereilen. Der Messias (Moshiach) käme bald – sehr bald –, also war all dies vorherbestimmt. Es müsse geschehen. Sie war eine sehr fromme Frau, überaus religiös, und sie versuchte, mich so gut sie konnte zu trösten. Dann, als sie meine tiefe Trauer erkannte, versuchte sie, mich mit anderen Worten zu trösten: «Vielleicht haben sie Jocheved und die Kinder in ein Arbeitslager gebracht.»

Ich lief zu Eyla, dem Bruder meiner Schwiegermutter, und fragte ihn verzweifelt, was er dachte. Er antwortete: «Was heulst du denn? Du siehst doch, dass wir bald alle tot sein werden – wir werden unmöglich am Leben bleiben können.» Ich kehrte zu unserer Wohnung zurück; dort waren noch ein paar Leute übrig. Ich betrachtete die Kleider meiner Frau und Kinder. Es gibt keine Sprache, die ausdrücken könnte, was ich in jenem Augenblick fühlte.

Die übrig gebliebenen Juden glaubten, dass die schlimme Zeit vorüber wäre. Nun würden sich die Dinge beruhigen, und es würde keine solchen schrecklichen «Aktionen» mehr geben. Tatsächlich hielt sich die SS eine Weile zurück, und die Juden glaubten, so würde es nun bleiben. Dann begannen sie erneut, Juden festzunehmen. Das Ganze hatte System: Schrecken und Ruhe wechselten sich immer wieder ab. Die jüdische Polizei ging weiterhin ihrer «Arbeit» nach; der Judenrat war weiterhin aktiv. Die jüdische Polizei ging nach der «Aktion» von Haus zu Haus und stellte neue Listen der übrig gebliebenen Bewohner zusammen – der Überlebenden. Die Deutschen erteilten dann den Befehl, dass die Überlebenden noch enger zusammenrücken sollten, in einem noch kleineren Sperrgebiet. Zwei weitere Familien mit vier Kindern wurden zu mir in die Wohnung verlegt. Ich konnte mein Versteck nicht länger nutzen. Meinen neuen Mitbewohnern passte meine Anwesenheit nicht – sie hätten die Wohnung lieber für sich allein gehabt.

Das Leben – wenn man es so nennen konnte – ging also weiter. Ein paar Juden waren übrig geblieben. Die Menschen schöpften neuen Mut, doch ich war am Boden zerstört. Ich war völlig niedergeschlagen, total deprimiert. In meiner Wohnung lebten Fremde, die jetzt die Kleider meiner Frau trugen; ihre Kinder trugen die Kleidung meiner

Kleinen. Ich war ein gebrochener Mann; ich konnte nicht schlafen. Als ich sie in diesen Sachen sah, konnte ich die Tränen nicht zurückhalten. Sie schliefen in meinem Bett, und ich hatte keinen Schlafplatz mehr. Ich bewahrte ein paar Waren in einer Truhe auf, also schlief ich auf dem Deckel der Truhe. Ich hatte mein Bett verloren, weil sie in der Überzahl waren; sie nahmen sich einfach das Bett, und das war's. Ich war allein zurückgeblieben. Mir blieben nur noch die Erinnerungen.

Die Zeit verging, und es wurde ruhiger in Chełm. Eines Tages hatte ich das Gefühl, bald nicht mehr zu können – ich war am Ende meiner Kräfte. Ich war dabei, den Verstand zu verlieren. Ich suchte meine Schwester auf und sagte ihr, dass ich die Sorgen nicht mehr ertrug. Ich hielt es einfach nicht mehr aus. Sie tröstete mich und erinnerte mich daran, dass wir ja immer noch uns hatten. Ihre Gegenwart tat mir gut, denn sie erinnerte mich an früher und war ein Überbleibsel meines früheren Lebens. Solange ich mit ihr in Erinnerungen schwelgen konnte, hatte ich noch eine Vergangenheit. Als ich ihr Haus verließ, griffen sie mich wieder auf und steckten mich in die Zwangsarbeit. Doch ich hatte Glück, am Abend ließen sie mich wieder frei.

Ein großes Lager wurde um die Militärkasernen von Chełm herum errichtet. Alle Juden aus Chełm und den umgebenden Schtetln wurden dazu «eingeladen», sich dort zu melden. Also setzte sich eine ganze Prozession in Bewegung – Frauen in Lumpen, Kinder mit Leiterwagen, auf denen sie ein paar Habseligkeiten hinter sich herzogen, alte Männer, die Bündel hinter sich herschleiften, die Angst auf den Fersen. Wohin sollten sie auch flüchten? Also meldeten sie sich im Lager. Ich beobachtete, wie sich die Prozession von «Freiwilligen» zum Lager schleppte. Der Judenrat und die jüdische Polizei waren noch immer im Amt (sie wurden erst später mit allen anderen abgeführt). Die Polizisten trugen besondere Mützen. Dann wurde ein neuer Befehl erlassen: Alle Juden mussten sich in den Kasernen melden. Es gab mehrere Tausend Juden in dem Lager. Es war eingezäunt und hatte Wachen. Es gab dort auch jüdische Kapos. Die Menschen schliefen zusammengepfercht in fünf- bis sechsstöckigen Stockbetten. Die jüdischen Gefangenen bekamen täglich 100 Gramm Brot und eine dünne Suppe. Sie mussten schwer arbeiten und wurden regelmäßig geschlagen.

Ich meldete mich nicht in dem Lager. Einige der Mitbewohner in meiner Wohnung meldeten sich ebenfalls nicht. Ihretwegen konnte ich mein Balkenversteck nicht mehr benutzen. Sie wollten mich ohnehin loswerden. Ohne mich gäbe es einen Menschen weniger in dem überfüllten Zimmer. Und sie könnten sich an meinen wenigen Habseligkeiten «bedienen». Eine Frau in der Wohnung hatte ihren Mann verloren, also wollte sie, dass alle jüdischen Ehemänner starben. Eine andere hatte zwei Brüder in meinem Alter verloren, und wenn sie mich ansah, schienen ihre Augen zu sagen: «Warum lebst du und sie nicht?» Jemand aus meiner Wohnung verriet mich. Eines Tages stürzten Gestapo-Beamte in die Wohnung, kamen direkt auf mich zu und fragten mich, wo ich meine Ware versteckte. Sie mussten mich nicht schlagen, denn sie wussten, dass ich ihnen gegenüber völlig machtlos war. Ich zeigte ihnen, wo ich die Waren aufbewahrte. Sie brachten einen Lastwagen, auf den ich die gesamte Ware laden musste. Alle Beamten der Gestapo waren in einem neuen Bezirk von Chełm postiert worden, also musste ich sie begleiten, um die Ware dort zu entladen. Als ich damit fertig war, schlugen sie mich, brachten mich auf direktem Wege zu dem großen neuen Militärkasernenlager und stießen mich hinein. Ich war kein freier Mensch mehr.

Man zeigte mir ein Stockbett, wo ich schlafen sollte. Jeden Tag wurden Tausende von Juden in dieses Lager deportiert, und täglich wurden Tausende wieder wegtransportiert, um nie wieder gesehen zu werden. Niemand wusste, wohin man sie gebracht hatte. Die SS, bewaffnet mit Peitschen, hatte bei den «Transporten» die Aufsicht. Es gab Männer, Frauen und Kinder im Lager. Über dem Ort lag eine sehr angespannte und melancholische Atmosphäre. Es herrschten extreme Sicherheitsbedingungen – Elektrozäune, Hunde usw. Inzwischen wurde offen geredet; die Leute sagten, dass jene, die man weggebracht hatte, in riesigen Gaskammern vergast worden seien. Ich sprach leise mit ein paar Juden. «Lasst uns etwas versuchen, lasst uns etwas unternehmen», sagte ich. Doch ich bekam immer wieder die Antwort: «Die Zeit der Ankunft des Moshiach (Messias) ist gekommen, wir werden so oder so sterben, warum also sich die Mühe machen?» Jeden Morgen gab es als Erstes das «Antreten», die Aufstellung in Dreierreihen. Manche wurden zur Arbeit eingeteilt, andere wurden aus dem Lager abtransportiert, und man hörte nie wieder etwas von ihnen. Die wenigsten kehrten von den einzelnen Arbeitsaufträgen zurück, doch diejenigen, die es taten, erzählten furchtbare Dinge, zum Beispiel, dass sie Löcher graben mussten, um ihre eigenen Kinder hineinzuwerfen. Mein Schwager Bergmann erzählte mir, dass er es mit eigenen Augen gesehen habe.

Es gab dort einen Kapo namens Scherer, der in Chełm in meiner Straße gewohnt hatte. Er hatte immer Mehl bei meinem Vater gekauft. Er war unser Freund gewesen, doch im Lager schlug mich dieser hochgewachsene Kapo gnadenlos. Ich fragte ihn: «Du kennst mich. Du erinnerst dich an mich. Wie kannst du mich so schlagen?» Er antwortete: «Hier kenne ich niemanden und erinnere mich an niemanden!» Ich sagte: «Wir haben dich anschreiben lassen, als du kein Geld hattest. Wir verkauften dir Waren zu einem niedrigeren Preis, weil wir wussten, dass es dir schlecht ging. Wir waren gute Nachbarn.» Statt einer Antwort schlug er mehrere Male kräftig zu und rief: «Hier ist keiner mein Nachbar! Hier ist jeder für mich ein Fremder!» Die Juden wurden jeden Tag schwächer. Die Essensrationen waren nicht annähernd genug.

Die Menschen sind komisch. So wie Scherer gab es noch andere gewöhnliche, «normale» Menschen, deren Persönlichkeit sich im Lager radikal veränderte. Ich sah einen Mann, den ich kannte, Tishler, einen Zimmermann. Seine Frau und die vier Kinder waren alle in den Tod abtransportiert worden. Und dennoch tanzte, sang und feierte Tishler mit den anderen Küchen-Kapos. Er sah gut aus, weil er gutes Essen bekam. Als ich ihn einmal so sah, brach ich in Tränen aus. Mein Freund sagte: «Kalmen, warum weinst du? Sie werden dich umbringen, wenn sie dich weinen sehen!» Der Anblick von Tishler, der mit den anderen zechte, widerte mich an. Er hatte alles verloren, was ihm etwas bedeutete, und hier war er und feierte, genoss das Leben und amüsierte sich.

Ich sah eine Frau, die ich in Chełm vor dem Krieg gekannt hatte. Ihrer Familie hatte ein großes Schuhgeschäft gehört; sie war eine kultivierte Frau mit zwei Kindern gewesen. Im Lager glaubte sie, dass ihr Mann und ihre Kinder gestorben seien (wie sich herausstellte, war der Mann in Russland und überlebte den Krieg). Sie begann auf laszivste Weise mit einer Gruppe Kapos zu flirten. Ich werde nie vergessen, wie sie wie eine Kabarettstripperin der untersten Kategorie tanzte und sang. Sie wurde später mit «meinem» Transport nach Sobibor deportiert, und das war ihr Ende.

Eines Morgens beim «Antreten» wurde gefragt, ob einer von uns Kunsttischler sei. Ich hob die Hand – ich war zwar ein gewöhnlicher Tischler, doch ich konnte auch Vitrinen bauen. Ein Wehrmachtssoldat kam zu mir und nahm mich mit, um mir ein paar Fenster zu zeigen, die repariert werden mussten. Er brachte mich in sein Zimmer und muss gespürt haben, dass ich sehr traurig war, denn er sprach sehr offen mit mir, von Mann zu Mann und mit viel Mitgefühl und Verständnis. Wir hatten alle Angst, einem Deutschen ins Gesicht zu sehen, und hier war einer, der wie ein Freund mit mir sprach! Er gab mir wirklich mein Gefühl zurück, meine Selbstwahrnehmung als Mensch. Er sagte mir, dass Hitler die Vernichtung aller Juden angeordnet hatte; dieser würde die Vernichtung der Polen und vieler anderer Völker folgen. Ich erkannte, dass dieser Wehrmachtssoldat ein anständiger Mensch war, deshalb offenbarte ich mich ihm; ich erzählte ihm, dass meine Frau, meine beiden Kinder und meine Eltern von der SS getötet worden waren. Dies einem SS-Mann zu erzählen, wäre undenkbar gewesen. Doch meine Strafe wäre nicht undenkbar gewesen – ein langsamer, qualvoller Tod.

Der Wehrmachtssoldat gab mir gutes Essen von seinen Rationen. Dann gab er mir Werkzeug, um seine Fenster zu reparieren. Er sagte mir: «Du musst immer bei der Arbeit sein. Es ist ganz wichtig, dass man dich immer arbeiten sieht, sonst wirst du angezeigt! Es gibt furchtbare ‹Berichterstatter› hier!» Er erklärte, dass er nicht sehr viel für mich zu tun habe, deshalb müsse ich nachts zum Schlafen zurück in meine Baracke. Wenn die Fensterreparatur jedoch abgeschlossen sei, würde er behaupten, mich für weitere Arbeiten zu brauchen. Er sagte, ich solle auf das «Gerede» in den Baracken achten, weil die Kapos wüssten, wann größere Judentransporte aus dem Lager gebracht werden sollten. Er sagte, wenn mir bevorstehende Transporte zu Ohren kämen, solle ich ihm sofort Bescheid sagen, dann würde er mich schützen, indem er sofort käme und mich zu einer Arbeit verpflichten würde. Er hatte mich bei irgendeinem Verwaltungsbüro des Lagers gemeldet, sodass ich mit meinem Werkzeug frei bewegen durfte.

Eines Nachts, im Sommer 1942, umstellte die SS um drei Uhr morgens unsere Baracken und holte etwa 1.500 von uns heraus. Die Leute heulten und weinten fürchterlich, denn die meisten wussten, was dies zu bedeuten hatte. Wir wurden zu Güterwagen gescheucht. Solche

Züge waren Tag und Nacht unterwegs und fuhren Juden in den Tod. Zuvor hatte der Wehrmachtssoldat mich zweimal retten können, doch dieses Mal wussten weder er noch ich von dem Transport. Ich konnte ihn nicht informieren und verlor meinen Beschützer.

Die SS-Scheusale brüllten, fluchten und schimpften laut. Sie stießen uns wie Tiere in die Güterwaggons. Die Waggons waren voll mit kleinen Kindern, Kranken und Verwundeten, Leichen und hysterischen Juden; das Weinen und Schreien war unbeschreiblich. In meinem Waggon saßen die letzten Überlebenden der jüdischen Gemeinschaft von Chełm. Sie waren nicht im Lager gewesen. Man hatte sie direkt in Chełm aufgelesen und in den Zug zum Transport gesteckt. Man hatte brutale Ukrainer dazu eingesetzt, die Juden aus Bunkern, Dachböden und anderen Verstecken zu zerren. Die Güterwaggons hatten keine Fenster. Viele Juden sagten, man brächte uns zu den Gasöfen, in unseren Tod. Einige kannten sogar den Namen des Ortes – Sobibór. Doch wer wollte ihnen glauben? Schließlich hatte man die Juden aus Chełm in der Nacht aufgegriffen, und viele waren desorientiert und verwirrt.

Die Waggons waren bis zum Rand mit Menschen vollgestopft worden, und als die Türen verriegelt wurden, hörte man ein lautes Geräusch von schwerem Metall auf Metall. Es war eine höllische Sommernacht. In unserem Waggon waren zwei ukrainische Soldaten, die ganz offen sagten, dass wir alle vergast werden würden. Wir waren erledigt – wir würden niemals zurückkehren. Sie sagten, wir seien unterwegs nach Sobibor, einem Vernichtungslager, das vor Kurzem in Betrieb genommen worden war. Es gebe keinen Ausweg und keinen Weg zurück, sagten sie. Sie waren schwer bewaffnet und befahlen uns, ihnen alles an Gold, Geld und Schmuck auszuhändigen. Viele Juden gaben her, was immer sie hatten, doch ich nicht. Ich gab ihnen nichts. Ich hatte ein Stück Gold, Ringe usw., die sich später als nützlich erwiesen. Bis heute habe ich meine Familienfotos – sie sind mein kostbarster Besitz. Den Ehering meiner Frau hatte ich extra anfertigen lassen, doch ich musste ihn später verkaufen, um zu überleben. Vielleicht war das auch besser so, denn ich konnte es damals nicht ertragen, ihn anzusehen, und würde es auch heute wahrscheinlich nicht ertragen.

Die Ukrainer schlugen immer wieder gnadenlos auf uns ein, weil nicht alle Juden etwas hatten, was sie diesen Tieren geben konnten. Aus manchen Juden mussten sie es herausprügeln. Bald gab es viele blutüberströmte Juden in unserem Waggon. In vielen Güterwagen waren keine Ukrainer, doch bei uns waren welche. Offensichtlich hatten die Deutschen nicht genügend Personal für jeden Waggon. Da sie wussten, dass wir alle vernichtet werden sollten, rissen einige Juden ein paar Holzplanken aus den Seitenwänden des Waggons und sprangen hinaus, als der Zug langsam durch den dichten Wald fuhr. Die Ukrainer ließen den Zug anhalten und hefteten sich an die Fersen der Flüchtenden. Natürlich gelang es manchen Juden zu entkommen, doch die meisten wurden tot zurückgebracht und wieder in die Waggons geworfen. In meinen Waggon warfen sie zwei tote Juden, die bei ihrem Fluchtversuch erschossen worden waren. Dann wurden die Güterwagen wieder verschlossen, und der Zug setzte seine höllische Fahrt fort. Die Zugfahrt dauerte fast einen ganzen Tag; der Zug hielt auf der Fahrt viele Male an.

2. SOBIBOR

Als der Zug das Lager erreichte, konnten wir die SS brüllen hören. Wir rochen den Gestank von verbrennendem Menschenfleisch. Ein großes Tor wurde geöffnet, um den Zug in das Lager einzulassen, dann kam er zum Stehen. Wir hörten das Knirschen von Metall auf Metall, als die Türen der Güterwagen aufgeschoben wurden, und als wir hinausspähten, sahen wir ein Schild, auf dem stand: SS-Sonderkommando Sobibor. Wir sahen die SS-Männer mit Peitschen in der Hand. Neben ihnen standen Ukrainer, die ebenfalls Peitschen hielten, sowie jüdische Kapos. Ein Deutscher brüllte: «Austreten aus den Waggons!», und die Leute sprangen aus den Güterwägen. Sie waren vor Schreck wie versteinert. Viele erlitten Herzinfarkte und starben, andere zitterten und waren wie gelähmt vor Angst. Viele waren in einem Zustand der Hysterie, während andere mit Urin und Fäkalien besudelt waren. Auf der gesamten Reise hatten wir weder Essen noch Wasser bekommen.

20 jüdische Gefangene des Bahnhofskommandos standen mit Karren herum. (Abraham Margulies, der jetzt in Israel lebt, war beim Bahnhofskommando.) Auf die Karren wurden die Kranken, Ohnmächtigen, Krüppel und die Toten geladen, um direkt zu den Gaskammern gefahren zu werden. Die Karren waren aus Metall. Viele Kleinkinder und Säuglinge wurden ebenfalls darauf geworfen. Die Karren fuhren auf schmalen Schienen. Die Körper wurden egal wie aufgetürmt – kopfüber, mit dem Kopf nach oben, mit heraushängenden Gliedmaßen usw. Viele SS-Männer standen dabei und «beaufsichtigten» den «Vorgang». Und sie beobachteten mit Freude den «Fortschritt» der «Arbeit». Oberscharführer Gustav Wagner, ein großer blonder, gutaussehender Mann, beaufsichtigte das Ganze. Wenn es mit dem Entladen für die Deutschen nicht schnell genug ging, mengten sie sich unter die Juden und hieben gnadenlos mit ihren Peitschen auf sie ein. Sie schlugen bösartig. Sieben Güterwägen konnten gleichzeitig entladen werden, also fuhr man mit sieben in den Hof, und dahinter wurde das Tor verschlossen. Die sieben Waggons wurden entladen und dann herausbefördert, um den nächsten sieben Platz zu machen. Unser Zug hatte etwa 40 Waggons mit 1.500 unglückseligen Juden. Zwölf von uns wurden zur Arbeit selektiert – alle anderen wurden durch den «Schlauch» (ein schmaler, geschlossener Weg) zum Lager III geschickt, wo man sie umbrachte.

Das Bahnhofskommando war nur eines von vielen Kommandos in Sobibor. Es gab ein Verpackungskommando (beauftragt mit dem Verpacken von Kleidung, Schuhen, Wertsachen usw. der Opfer zur Verschickung nach Deutschland), ein Kommando, das dafür verantwortlich war, die armen Juden zu entkleiden, ein Friseurkommando, um ihnen die Haare etc. abzuscheren. Ein Kapo befehligte jedes Kommando.

Oberst Wagner, der Oberbefehlshaber der ganzen Operation, war meistens damit beschäftigt, Befehle zu brüllen und zu schreien. Wenn er donnerte «Austreten von den Waggonen», konnte man ihn kilometerweit hören. Selbst die SS-Männer zitterten beim Ertönen seiner schrecklichen Stimme. Als alle Juden aus den Waggons gestiegen oder gezerrt worden waren, begann Wagner, mit donnernder Stimme genaue Anweisungen zu bellen. Er brüllte: «Männer getrennt, Frauen getrennt, Kinder getrennt!» Viele Mütter wollten ihre Kinder nicht alleine lassen, also beauftragte Wagner ein paar SS-Männer und Ukrainer, die in seiner Nähe standen, den Frauen ihre Kinder zu entreißen. Die Kinder weinten; manche spürten, was ihnen bevorstand, andere fürchteten sich einfach vor den bestialischen Mördern. Manche Kinder schwiegen – sie wussten Bescheid und hatten resigniert. Viele Mütter kämpften tapfer um ihre Kinder – sie leisteten Widerstand und hielten sich die Kinder mit aller Kraft an die Brust gepresst. Doch es half alles nichts.

Zuerst schrie Wagner: «Kinder links! Frauen rechts!» Das bedeutete, dass sie direkt für das Todeslager und seine Gaskammern bestimmt waren. Wir – die Männer – wurden von Wagner «selektiert». Er brüllte: «Alle Tischler – hebt eure Hände!» Danach rief er alle möglichen anderen Handwerksberufe auf. Die Deutschen selektierten zwei Tischler: Shlomo Alster (der heute in Israel lebt) und mich. Shlomo ist ein einfacher, guter Mann; wir arbeiteten in Sobibor Seite an Seite. Ich erinnere mich, dass noch zwei Brüder selektiert wurden, sie hießen Moiras. Alle anderen mussten stehen bleiben, ganz still.

Die Kapos warteten. Wagner bellte einen Befehl, und die Kapos führten Gruppen ab. Die Kapos sagten uns – 12 Männern –, wir sollten uns abseits in eine Reihe stellen und dort stehen bleiben. Jeder Kapo wusste, wohin er seine jeweilige Gruppe bringen musste. Manche Juden fragten kläglich, wohin man sie brächte. Die Kapos sagten, sie würden sie zu den Duschen bringen, um sie zu desinfizieren. Die Juden glaubten dies gerne. Denn tatsächlich waren sie völlig verdreckt, weil man sie aus ihren Bunkern gezerrt und ihnen kein Wasser gegeben hatte. Viele hatten Läuse. Sicher – sie brauchten eine Dusche. Sie mussten desinfiziert werden. Es lag auf der Hand.

Wir – die Arbeiter in den Werkstätten von Sobibor – erfuhren von den Kapos, wie das Ganze ablief. Hätten die SS-Männer das herausgefunden, hätten sie die Kapos sofort umgebracht, und uns ebenso. Der eigentliche Tötungsprozess wurde streng geheim gehalten. Doch nach zwei bis drei Tagen war der allgegenwärtige Gestank selbsterklärend.

Den meisten Juden konnte man tausendmal sagen, was dort wirklich vor sich ging, sie hätten es nicht geglaubt. Die Menschen glauben, was sie glauben wollen oder hoffen – alles, bloß nicht die Wahrheit, wenn die Wahrheit schrecklich genug ist. Ich sprach mit ein paar Frauen aus Deutschland, die Kruzifixe trugen. Sie oder ihre Eltern waren zum Christentum übergetreten. Ich fragte sie: «Wisst ihr, wo ihr hier seid? Wisst ihr, was hier passiert?» Ich sagte es ihnen, aber sie glaubten mir nicht. Sie konnten nicht glauben, dass es einen solchen Ort geben könnte. Sie sagten mir: «Was meinst du, wenn du sagst, sie vergasen und verbrennen hier Menschen? So etwas, mitten im 20. Jahrhundert? Bist du verrückt?» Sie konnten es einfach nicht verstehen. Hätten die Leute geglaubt, was ihnen bevorstand, hätten sie Widerstand geleistet, doch niemand glaubte es. Das war 1942.

Nachdem man uns befohlen hatte, uns abseits hinzustellen, führten die Kapos die Juden zu den Gasöfen. Erst entkleideten sich die Frauen, dann wurde ihnen das Haar geschoren, um nach Deutschland verschickt zu werden. Die Friseure (20 Männer) gehörten offiziell zum Bahnhofskommando. Sie arbeiteten schnell und effektiv. Die Männer wurden direkt nach dem Entkleiden in die Gaskammern geschickt.

Ich erinnere mich an einen bestimmten Transport aus Holland – ach, war das furchtbar. Es gab zu viele jüdische Kinder, als dass sie schnell «abgefertigt» werden konnten, also standen sie von morgens bis abends in einer langen, kreisförmigen Schlange, die ständig abnahm. Solche wunderschönen Kinder, süße kleine blonde Mädchen mit Zöpfen, ordentlich angezogen. Diese armen Unglückseligen waren gut genährt, hatten hübsche, pausbäckige kleine Gesichter. Ihre Eltern müssen sie so geliebt haben, ihnen alle Fürsorge der Welt gegeben haben, und nun ... Viele trugen kleine Koffer oder Taschen. Es war erbärmlich, so traurig. Die SS-Männer beaufsichtigten sie. Wir sollten nicht einmal einen Blick auf diese kleinen Berelach und Josselech und Estherlech werfen; es war undenkbar, auch nur ein Wort mit ihnen zu sprechen. Einige der Kinder weinten; wahrscheinlich wussten sie Bescheid. Der Boden war sandig, also malten manche Kinder Kreise in den Sand, spielten mit Kieselsteinen und Ästen. Schließlich waren sie ja Kinder. Hätte einer der SS-Männer uns dabei erwischt, wie wir die Kinder beobachteten, dass wir sie überhaupt beachteten, und wenn es nur ein Seitenblick gewesen wäre, wir wären sofort in der Gaskammer gelandet. Uns gelang es dennoch zu sehen, was vor sich ging. Die Ukrainer und die SS waren an jenem Tag besonders nervös und gereizt. Sie waren immer gereizt, doch an jenem Tag übertrafen sie sich selbst. In den Augen mancher Kinder sah man die Angst – ihre Augen weiteten sich vor Entsetzen. Es war ein Tag wie aus der Hölle. Und jede Minute wurden sie weniger und weniger, weniger und weniger. Die Schlange wurde immer kürzer. Und meine Berelechs und Josselechs und Estherlechs wurden zu Rauch in jenem verfluchten Himmel. Als alles vorüber war, zogen die SS-Männer los, um sich in ihrem Casino zu betrinken.

Die Kleidung, derer sich die Unglückseligen entledigt hatten, wurden in einen anderen Bereich gebracht, um dort ebenso wie die Schuhe sortiert und verpackt zu werden. Die Kranken konnten sich nicht schnell genug ausziehen – alles musste schnell, schnell, schnell gehen –, also mussten die Entkleidungsbeauftragten des Bahnhofskommandos ihnen die Kleidung vom Leib reißen. Bunjek, ein kurzer, dicker Kapo, war ein anständiger Mann, der uns oft sein Herz ausschüttete, obwohl er damit jedes Mal sein Leben riskierte. Vielleicht musste er sich jemandem anvertrauen, um sein Gewissen zu erleichtern. Er erzählte uns, dass viele der Unglückseligen offene Wunden und Eiterbeulen hatten; ihre Kleidung klebte an dem geronnenen Blut und dem Schorf fest. Wenn ihnen das Gewand vom Leib gerissen wurden, hatten sie große Schmerzen und schrien aus Leibeskräften. Ich arbeitete in der Tischlerei und hörte oft das Geschrei der Unglückseligen. Hätte ich mir irgendetwas anmerken lassen, wäre ich auf der Stelle erschossen worden. Sobibor sollte ein «Geheimnis» sein – niemand sollte irgendetwas wissen. Jeder, der sich in irgendeiner Form für das «Verfahren» interessierte, wurde sofort erschossen. Doch das Bahnhofskommando hatte den Befehl, dies zu tun, und alles lief in einem unglaublichen Tempo ab. In Sobibor sollten die Juden nicht gehen – sie mussten rennen.

Die ganze «Abfertigung» dauerte ein bis zwei Stunden. Wagner kam zu unserer Gruppe von 12 Personen, die man ausgesondert hatte. Er sagte uns, wir seien für das Arbeitslager (Lager I) eingeteilt. Wer noch etwas in seinen Taschen habe, solle es vor sich auf den Boden legen – Geld, Papiere, Fotos oder Schmuck. Die Taschen mussten vollständig entleert werden. Ich erkannte zwar, wo ich mich befand, doch ich dachte, vielleicht werde ich es irgendwie schaffen zu überleben. So ist das mit der menschlichen Natur – ich kann es nicht erklären. Ich beschloss in diesem Augenblick, meine kostbaren Fotos (ich habe sie bis heute) und die Ringe meiner Frau nicht preiszugeben. Wagner musste uns nicht durchsuchen – wir waren ihm vollkommen ausgeliefert. Wenn wir etwas versteckten, käme es doch bald heraus. Wagner brüllte: «Wenn jemand etwas versteckt, wird er sofort erschossen!» Doch ich hielt stand und rückte nichts heraus. Mit den Fotos bewahrte ich mir meine Vergangenheit, mit den Ringen hätte ich vielleicht eine Zukunft.

Nachdem der Boden vor uns mit Kleinigkeiten übersät war, die die Juden aus ihren Taschen geleert hatten, kamen ein paar Ukrainer mit Peitschen auf uns zu. Es gab viele Ukrainer in Sobibor – schreckliche Mörder. Außergewöhnliche Sadisten. Sie führten uns ab. Wir durften nicht gehen – wir mussten rennen. Die Ukrainer trieben uns wie Tiere vor sich her, peitschten und schlugen auf uns ein, brüllten «Parshive żyd» (dreckige Juden) und beschimpften uns mit allen möglichen anderen Flüchen. Sie brachten uns zu einem riesigen Lastwagen, der mit Holz aus zerstörten jüdischen Häusern beladen war. Die Nägel steckten noch in den Brettern, und wir mussten auf den Lkw klettern und die Bretter herausziehen. Natürlich kann man keine Bretter herausziehen, wenn viele andere auf dem Bretterhaufen stehen, doch genau das sollten wir tun, während die Ukrainer auf uns einprügelten. Die Deutschen verwendeten solche Bretter, um Sobibor zu bauen. Sie holten sich kein Bauholz, sie nahmen jüdische Häuser auseinander und verwerteten die Bretter. Die Häuser waren fachmännisch von jüdischen

Häftlingszimmermännern auseinandergenommen worden; danach hatte man sie wahrscheinlich umgebracht.

Mittags fuhren sie mit uns zu einem großen Lager. Es gab dort eine Baracke für jüdische Frauen und eine für jüdische Männer. Häftlinge aus Sobibor erzählten mir, dass dort 400 jüdische Männer und 200 jüdische Frauen zum Arbeiten gehalten wurden. Sie erklärten mir alles; einer sagte mir, ich sei in einem Vernichtungslager. Obwohl die Ukrainer mir das schon im Zug gesagt hatten, hatte ich ihnen nicht geglaubt. Doch nun, da ich diesen Ort mit eigenen Augen sah, wusste ich Bescheid. Die Kapos riefen: «Antreten!»; einer der Kapos stand mit einer Peitsche in der Hand neben der Küche, und die Juden stellten sich an der Essensausgabe an – es gab wässrige Suppe. Morgens gab es ein Stück Brot, 10 Deka (Deka steht für Dekagramm, eine Gewichtsmaßeinheit).

Ich schlief in dem Bereich, der sich Lager I nannte. Wir schliefen in Kojen aus rauem, unbehandeltem Holz. Es gab vier Etagen, und in jeder Koje schliefen drei bis vier jüdische Häftlinge. Einige der Leute waren geistig verwirrt und mit den Nerven am Ende; nachts bissen, kratzten, zerrten und krallten sie sich gegenseitig. Ich hörte viele vor Hunger weinen; andere kreischten und stöhnten. Nachts wurde die Tür verriegelt, deshalb brachte man uns kleine Eimer, die wir als Toilette nutzen sollten. In den Baracken gab es kein Licht – das war strengstens verboten –, und Hunderte von uns waren dort zusammengepfercht. Viele von uns hatten die Ruhr und Durchfall, also waren die Eimer bald voll und liefen über. Bis der Morgen kam, gab es 40, 50, 60 volle Eimer und rundherum eine Riesensauerei. Morgens kam der Kapo (alle Kapos hatten separierte private Schlafplätze) und fing an, uns wegen der Sauerei zu verprügeln. Er hatte strengen Befehl, die Baracke einigermaßen «sauber» zu halten – obwohl das unter den gegebenen Umständen offensichtlich ein Ding der Unmöglichkeit war. Also schlug der Kapo so lange auf uns ein, bis die Eimer geleert worden waren. Der Gestank in unseren Baracken nahm einem die Luft zum Atmen. Wenn man nachts zu den Eimern unterwegs war, trat man oft auf Leute oder fiel auf sie drauf. Die ganze Nacht hindurch krochen Leute zu den Eimern, die sich im schmalen Gang, zwischen den hohen Stockbettreihen und in der Nähe der Tür befanden. Manche von denen, die im Dunkeln von einer oberen Koje herabstiegen, fielen und verstauchten sich den Knöchel. Am nächsten Tag wurden sie in die Gaskammer befördert. In der Baracke war es entweder sehr kalt oder sehr heiß, und an manchen Tagen wurden wir schon ab vier Uhr nachmittags dort eingesperrt. Manche starben, weil sie nicht genug Sauerstoff bekamen. Wir achteten nicht auf die, die morgens abgeholt wurden, um zu sterben. Wir hatten uns daran gewöhnt, unsere Existenz als die neue, «normale» Lebensform für Juden anzusehen. Wer sich nicht an diese Lebensform gewöhnen konnte – nun ja, der verließ uns in der Nacht. Sie töteten sich selbst. Sie besorgten sich ein Stück scharfes Metall und schlitzten sich die Pulsadern auf. Das Blut tropfte dann langsam auf diejenigen herunter, die in der Koje direkt darunter schliefen.

Nachdem ein Transport «abgefertigt» worden war, feierten die Ukrainer und die SS. Im Lager gab es auch ein Casino, dort tranken und sangen sie und fraßen sich voll. Ich kannte den ganzen Ablauf gut, denn zwei- oder dreimal wurden wir mitten in der Nacht geweckt, herausgescheucht und angewiesen, einen Menschentransport zu entladen, der angekommen war. Die Deportationszüge kamen Tag und Nacht, und Sobibor war an Freitagen eine besonders geschäftige Hölle, weil die Transporte aus Holland meistens freitags kamen. Diese nächtliche Tortur, unschuldige Menschen für den Tod abzufertigen – ich werde es nie vergessen.

Einmal wurde ein Transport ultra-orthodoxer (chassidischer) Frauen nach Sobibor gebracht. Die armen Frauen schrien fürchterlich. Als man ihnen befahl, sich und ihre Kinder auszuziehen, riefen sie aus Leibeskräften «Shma Jisrael». Man hätte sie kilometerweit hören können. Sie wurden allesamt mit ihren Kindern vergast. Nicht eine wurde verschont. Ich erinnere mich auch an eine Gruppe holländischer Jüdinnen, die mit einem Transport gekommen waren. Sie schrien dauernd nervös, manche beinahe hysterisch: «Das ist unmöglich! Es ist unmöglich! Das kann nicht sein! Das kann nicht sein!» Sie konnten nicht glauben, dass es mitten im 20. Jahrhundert einen solchen Ort geben konnte.

Ich arbeitete mit einer Gruppe von Tischlern. Wir hatten viel zu tun, weil die Deutschen Sobibor ständig ausbauten und «verbesserten». Es waren Arbeitsbeschaffungsmaßnahmen, die die Deutschen sich ausdachten, damit sie nicht an die Front mussten. Die Ostfront war ein

Fleischwolf, der die Truppen massenhaft auffraß, deshalb ergriffen die Deutschen jede Gelegenheit, den Anschein zu erwecken, sie seien beschäftigt.

Ich erinnere mich, wie holländische Juden zu unserer Gruppe stießen. Sie hatten keine Ahnung von Holzaufbereitung und noch nie schwere Handwerksarbeit geleistet. Sie brauchten viel zu essen, was sie nicht bekamen, und so litten sie entsetzlich. Sie schafften es drei bis vier Tage, manche eine Woche. Länger überlebten sie nicht. Die Deutschen erkannten sofort, wer kein Arbeiter war, und denen machten sie es besonders schwer. Dann nahmen sie sie mit.

Während die Juden arbeiteten, gingen die Deutschen herum und überprüften jeden – wie er arbeitete, wie er aussah. Ich arbeitete in einem Bereich, der nicht so streng von der SS überwacht wurde. Sie kamen selten vorbei. Ein paar Juden aus Chełm arbeiteten mit mir; sie waren auf mich angewiesen, um am Leben zu bleiben, weil sie eigentlich gar keine Handwerker waren. Sie sind kleine Händler gewesen. Manche wurden irgendwann sehr schwach; sie konnten weder den Hammer halten noch ein Stück Holz anheben. Sie baten mich wimmernd: «Kalmen, nimm mich mit zu deiner Arbeit, oder sie werden mich erledigen! Bitte, Kalmen, nimm mich! Nimm mich!» Was hätte ich tun sollen? Ich hatte nicht die Verfügungsgewalt, mir meine Mitarbeiter auszusuchen. Ich konnte keine Assistenten bestimmen. Das war die Wahrheit und das sagte ich den armen Unglückseligen. Was sollte ich ihnen sagen – dass, wenn ich ihnen helfen würde, ich die Deutschen provozieren und ebenfalls in der Gaskammer landen würde? Die Deutschen suchten ständig nach einer Ausrede, um uns zu schlagen und zu foltern, um uns zu «züchtigen». Am nächsten Tag waren die armen Unglückseligen fort, weggebracht.

Ich erinnere mich, wie ein Transport reicher deutscher Juden nach Sobibor gebracht wurde. Er hieß fortan der «Transport reicher Juden aus Deutschland». Diese Juden sahen wirklich wohlhabend aus, sie strahlten Wohlergehen und Gelassenheit aus. Ein paar wurden ausgewählt, um uns bei der Arbeit zu unterstützen – Bäume fällen, Gräben schaufeln usw. Doch auch diese Juden hielten nicht lange durch. Sie brauchten Unmengen an Essen und verfügten über keinerlei praktische Fähigkeiten. Die Deutschen kannten sich gut aus mit Drückebergern und Nichtskönnern und stürzten sich bald auf die «Amateure». Es dauerte nur wenige Tage, da war auch schon der letzte der deutschen Juden aus unserem Arbeitstrupp verschwunden.

Tausende und Abertausende kultivierter und gebildeter Juden aus Amsterdam wurden mit einer Rückfahrkarte der ersten Klasse nach Sobibor deportiert. Sie waren sehr gut gekleidet. Man hatte ihnen aufgetragen, ihre Wertsachen mitzubringen. In prächtigen Speisewagen, ausgestattet mit dem besten Tafelsilber und Leinentischdecken, wurden ihnen Speisen und Getränke serviert. Woher ich das weiß? Weil einige in meine Werkstatt zur Arbeit beordert wurden. Auf ihrer Reise nach Sobibor wurden sie zweimal verlegt: von ihren Wagen der ersten Klasse in weniger luxuriöse und schließlich in die geschlossenen Viehwaggons, die sie nach Sobibor brachten. Auf der Ankunftsrampe in Sobibor hielten sie noch immer ihre «Rückfahrkarte» umklammert. Ich erinnere mich an einen verzweifelten Holländer, der schrie: «Hilfe! Das kann doch nicht sein! Seht – hier ist meine Rückfahrkarte! Hilfe!» Sie konnten nicht glauben, was mit ihnen geschah. Ich sagte dem Holländer, er solle die Rückfahrkarte vergessen, doch er glaubte mir nicht. Solange ein Mensch dem Tod nicht direkt ins Auge blickt, wird er es nicht glauben.

Man beauftragte mich mit Tischlerarbeiten an unterschiedlichen Orten im Lager Sobibor. Manchmal hatte ich das Glück, in Bereiche geschickt zu werden, in denen keine SS-Männer umhergingen. Ich fand oft Sardinen, Marmelade, Butter etc., wenn Juden entladen und entkleidet worden waren; sie hatten die Nahrungsmittel für ihre «Umsiedlung» mitgebracht. Sobibor war auf sandigem Boden errichtet worden, also vergrub ich das Essen an verschiedenen Stellen und grub es bei Bedarf wieder aus. So etwas machte ich meistens in der Mittagspause der Deutschen. Ich versuchte immer, Aufträge im Sortierbereich zu bekommen.

Dort wurden Kleider, Gold, Schuhe usw. gelagert. Einer war dafür zuständig, zerlumpte Kleidung zu verbrennen, während andere Wertsachen für die Verschickung nach Deutschland verpackten. Den unglückseligen Juden hatte man gesagt, sie sollten ihre Wertsachen für die «Umsiedlung» mitbringen. Einmal kam eine ganze Wagenladung Brot. Sie mussten eine Bäckerei nach Sobibor deportiert haben. Ein Brotberg zwischen all den verhungernden Juden.

Im Bahnhofskommando gab es einen großen jüdischen Wasserträger. Ich hörte, wie er den Oberscharführer Karl Frenzel fragte: «Wann kommt der nächste Transport? Ich habe solchen Hunger!» Frenzel antwortete: «Keine Sorge – noch ein paar Tage, und sie werden wieder hereinrollen.» Ich werde diesen kurzen Wortwechsel nie vergessen – nie! (Später, als wir auf der Flucht waren, rief mir dieser Wasserträger zu: «Kalmen, Kalmen! Trag mich! Mich hat's erwischt! Trag mich!» Sie schossen auf uns, und er muss getroffen worden sein. Ich zeigte ihm gegenüber genauso viel Mitgefühl, wie er gegenüber jenen armen Juden gezeigt hatte, die in Deportationszügen zu den Gasöfen gebracht wurden.)

Das Bahnhofskommando kam für eine Nacht in unsere Baracke und hielt uns die ganze Nacht wach. Sie waren so heiter, sie waren bester Laune. Sie glaubten, dem Tod ein Schnippchen geschlagen zu haben – er war nur für andere bestimmt. Sie hatten so blendende Laune, weil ihre Bäuche voll waren. Sie hatten ein Festmahl gehabt, und ihre Taschen waren auch voll – mit Keksen, Salami und sogar Whiskey. Die «Leckereien» hatten sie von den eintreffenden Juden, die sie aus einem Zug entladen hatten. Gutes Essen – im Krieg eine Seltenheit – wurde von «westlichen» Juden aus Holland und Deutschland mitgebracht. Die Nahrungsmittel waren meist in bestem Zustand, ziemlich frisch. Solche Beute war nur bei «westlichen» Transporten zu machen; die Deportationszüge aus Polen brachten Juden, die meistens in schlechter Verfassung waren.

Manche Menschen sind Tiere – sie denken nur an einen vollen Bauch. Darüber hinaus sehen sie nichts. Der Wasserträger glaubte, dass er schließlich arbeitete, «produktiv» war und dass er einen vollen Magen hatte – Ende der Geschichte. Er dachte, er sei sicher – er habe eine Zukunft. Er würde nicht das Schicksal all «der anderen» teilen. Menschen können sehr dumme Geschöpfe sein. Viele Häftlinge glaubten wirklich, dass andere vergast und verbrannt würden, sie selbst aber nicht. Sie waren etwas «Besonderes». Es gelang ihnen, das zu glauben, selbst als der Tod ihnen direkt ins Gesicht starrte. Und auch jene, die hergebracht wurden, um getötet zu werden – jeder Einzelne von ihnen hoffte zu überleben, suchte nach dem kleinsten Zeichen, dass er nicht umkommen würde. Hätten sie sich psychisch wirklich auf die Tatsache eingestellt, dass sie für die Gaskammern bestimmt waren, hätte es mehr Widerstand gegeben. Doch die Art und Weise, wie die Deportationen durchgeführt wurden, und das Tempo der endgültigen «Abfertigung» hielten sie davon ab, ihr wahres Schicksal zu erkennen – und wenn es ihnen doch klar wurde, war es für echten Widerstand zu spät.

1942 brachten die Deutschen einen Transport nach dem anderen nach Sobibor. Alle paar Tage kamen Transporte aus Holland, Deutschland und sogar aus Frankreich. Juden, die in Arbeits- oder Durchgangslagern gewesen waren, hatte man gesagt, sie würden in andere Arbeits- oder Durchgangslager verlegt. Diese Juden kamen mit ihren Habseligkeiten – Gold, Geld, Waren, medizinische Geräte usw. Russische und polnische Juden kamen mit leeren Händen, doch die westlichen Juden waren schwer bepackt. Und die westlichen Juden sahen auch gut aus, trugen schöne Kleider, Accessoires usw. Auch ihre Kinder sahen noch frisch und sauber aus.

Ich hätte zweimal entkommen können. Als ein großes Waldfeuer in der Nähe von Sobibor ausbrach, holten sie uns, um das Feuer zu löschen. Die Deutschen sagten, die Partisanen hätten das Feuer gelegt. Der Rauch war sehr dicht. Man schickte mich los, um Sand zu holen. Ich befand mich einen halben Kilometer von der Kerngruppe der Häftlinge entfernt; der Rauch hüllte alles ein, und das Gebiet war dicht bewaldet. Ich wollte mich schon aus dem Staub machen, doch dann kamen mir Zweifel. Wo sollte ich mich verstecken? Sie würden eine massive Suchaktion nach mir starten, weil sie nicht wollten, dass das «Geheimnis» von Sobibor enttarnt wurde. Wie weit würde ich kommen, bevor ich nicht mehr könnte? Schließlich war ich ja sehr schwach. Und auch wenn ich mich in irgendeinem Loch verkroch, würde es mir wirklich gelingen, die Hunde, mit denen sie kämen, an der Nase herumzuführen? Egal, ich bekam Angst und ließ den Gedanken an Flucht wieder fallen.

Einmal wurde ich mit ein paar anderen Häftlingen mit einer Arbeit außerhalb des Lagers betraut. Wir wurden von zwei Ukrainern bewacht. Einer der Ukrainer blieb mit fünf von uns da, während der andere mit dem Rest loszog, um Schnaps zu kaufen. Die Juden vom Bahnhofskommando hatten Gold, das sie beim Entladevorgang bei der Zugankunft an der Rampe ergattert hatten. Ich sagte den vier anderen

Juden meiner Gruppe: «Lasst uns ihn erledigen und dann abhauen! Wir können ihn leicht überwältigen.» Doch sie weigerten sich.

Die Ukrainer hatten nicht das volle Vertrauen der SS. Sie wurden nicht in die Nähe der Sortierstationen neben den Gleisen gelassen, wo es unter vielem anderem Gold und Edelsteine gab. Die Juden des Bahnhofskommandos hatten sehr wohl Zugang zu dem Gold und den Edelsteinen, also versteckten sie etwas Gold hier, einen Edelstein da (wobei sie ihr Leben riskierten) und setzten sie im Handel mit den Ukrainern ein. So kamen sie an Essen, Getränke usw.

Einmal sah ich, wie vier der Juden vom Bahnhofskommando zusammensaßen und Butterbrote, Kuchen und anderes aßen. Ich hatte furchtbaren Hunger, also bettelte ich: «Bitte, Kameraden, gebt mir ein Stück Brot, oder auch nur ein halbes.» Darauf sagten sie: «Fahr zur Hölle.» Sie weigerten sich und warfen mir dazu noch die schlimmsten Beleidigungen an den Kopf. Sie beschimpften mich und stießen die bösartigsten Flüche aus. Sie waren sich so sicher, diese Schweine. Doch nach einer Weile bekamen die Deutschen Wind davon, welche Juden mit den Ukrainern handelten. Diese Juden wurden bald in die Gaskammern abgeführt.

Ständig versuchten Juden auszubrechen, ständig wurden sie erwischt. Sie wussten, welche Fluchtwege sie ergreifen mussten, denn das Lager war von Juden gebaut worden, und sie kannten jeden Quadratzentimeter. Juden hatten auch den elektrischen Zaun gespannt. Jene, die fliehen wollten, taten das meist nachts. Ein Freund von mir, ein «Chessler» (einer, der Häuser mit der Axt baut), brach eines Nachts aus und wurde nie erwischt. Ich frage mich oft, was wohl aus ihm geworden ist.

An einem Frühlingstag im Jahre 1943 wurden etwa 30 Männer des Waldkommandos von ukrainischen Wachleuten nach draußen gebracht, um zu arbeiten. Später am Tag sahen wir, wie die Ukrainer eine viel kleinere Gruppe von Juden wieder ins Lager trieben. Die Juden waren blutüberströmt und in schlechter Verfassung. Hinter sich her zogen sie viele Leichen. Uns erzählte man, dass zwei der Juden, Kopp und Podchlebnik, um Erlaubnis gebeten hatten, zu einem Brunnen in der Nähe zu gehen, um Wasser für ihre Mithäftlinge zu holen. Das war um die Mittagszeit, und die Männer hatten Durst. Als sie zum Brunnen kamen, überwältigten sie den ukrainischen Wachmann, der sie begleitet hatte, nahmen ihm seine Waffe und Munition ab, warfen ihn in den Brunnen und machten sich aus dem Staub. Als die Männer nicht zurückkehrten, wurden die übrigen ukrainischen Wachmänner misstrauisch. Sie trieben die restlichen Juden zusammen und liessen sie nicht aus den Augen, bis sie die Sache aufklären konnten. Die Juden begriffen sofort, was passiert war; sie wussten, dass sie so oder so erledigt waren. Wenn einer oder mehrere aus einer Gruppe flohen, wurde die gesamte Gruppe getötet. Also stürzten die verzweifelten Juden in alle Richtungen los, während die Ukrainer auf sie schossen und sie verfolgten.

Es hieß, einige dieser Juden seien erfolgreich geflüchtet. Doch jene, die lebend erwischt wurden, wurden zurückgebracht, gefesselt (an Händen und Füßen), auf einen Stuhl gesetzt und angewiesen, geradeaus zu schauen, während sie von den Ukrainern bestialisch mit Knüppeln bearbeitet wurden. Uns befahl man, uns im Halbkreis aufzustellen und uns das «Spektakel» anzuschauen; man befahl uns auch, während dieser Quälerei unserer armen Kameraden laut zu lachen. Doch die Unglückseligen hatten den Mut, ihre Folter nicht kommentarlos hinzunehmen. Einer, ein gläubiger Jude, rief: «Das Ende Hitlers ist nah!» Ein anderer rief: «Shma Jisrael!» Dann erschossen die Ukrainer sie alle; auf einen der Unglückseligen musste dreimal geschossen werden, bevor er starb. Die Ukrainer hatten Schaum vorm Mund, als sie die Knüppel schwangen. Sobibor war voll von solchen Ukrainern, den Henkern der SS. Nach diesem Vorfall wurden wir zwei bis drei Monate lang noch schlimmer gequält und misshandelt als zuvor.

Eine Gruppe holländischer Juden unter den Gefangenen heckte den Plan aus, die Deutschen in Vorbereitung einer Massenflucht zu vergiften. Ihre Leute arbeiteten in der Küche der SS, also hatten sie zur Ausführung des Plans eine gute Position. Viele Deportationszüge brachten unter anderem Apotheker ins Lager, denen man gesagt hatte, sie sollten für die «Umsiedlung» ihren Bestand an Mitteln mitbringen. Deshalb hatten die holländischen Juden ein gut bestücktes Giftarsenal, das sie sorgfältig angelegt hatten. Ich wusste schon früh von der Verschwörung; wir hatten uns überlegt, dass, wenn wir die Deutschen und Ukrainer erst vergiftet hätten, wir uns ihre Waffen schnappen und in den Wald fliehen würden. Wir hätten einen guten Vorrat an Munition und Essen. Doch in letzter Minute wurden sie verraten. In

Sobibor gab es alle Sorten von Menschen – die edelsten und den letzten Abschaum, der unter den Tieren stand. Einer der Letzteren musste die Deutschen alarmiert haben.

Ein paar Minuten bevor wir uns für das Essen anstellen sollten, kam ein Kapo hereingerannt und rief: «Kein Essen austeilen!» Und dann hörten wir Wagner, der den Befehl brüllte: «Antreten!» Wir sahen uns voller Sorge an und rechneten mit dem Schlimmsten. Wir waren alle auf einem Platz versammelt. Wagner befahl den Holländern vorzutreten; er nahm sie an der Hand und führte sie in einer Reihe ins Lager III, direkt in die Gaskammer. Innerhalb einer Stunde waren alle 70 oder 80 unserer holländischen Mithäftlinge tot. Wir hatten Glück, der Verräter musste angegeben haben, dass es sich um eine holländische Verschwörung handelte – polnische Juden hatte er offenbar nicht erwähnt. Es wären einige mehr von uns umgebracht worden, hätten die Deutschen gewusst, dass wir Teil der Verschwörung waren oder zumindest etwas davon wussten. Wagner verschonte nur einen holländischen Juden – einen großen Künstler. Er malte Bilder eigens für Wagner. Der Rest – fort! Für immer.

Shlomo Alster, mein Freund und Tischlerkollege, war sehr wütend auf mich, weil ich von dem Vergiftungsplan wusste und ihn am Tag, als er ausgeführt werden sollte, zur Arbeit in einem Bereich mitnahm, wo es bestimmte Materialien gab, von denen ich annahm, dass wir sie «draußen» brauchen würden. Als der Plan aufflog, sah mich Alster so wütend an, als wolle er mich mit seinem Blick töten, weil ich ihn in diese gefährliche Sache mit hineingezogen hatte. Nach diesem missglückten Versuch wurden wir richtig grob behandelt – wir wurden gnadenlos geschlagen, bekamen kein Essen usw. Zuvor durften wir uns nach der Arbeit ausruhen, doch auch das war jetzt nicht mehr erlaubt. Man jagte uns hin und her. Monatelang herrschte große Anspannung.

Der Oberbefehlshaber in Sobibor war Oberscharführer Gustav Wagner. Er war eine Bestie von Mensch, ein sadistischer Mörder, der so etwas wie Bauernschläue besaß. Er war ein äußerst gerissener Mann; er schien einen sechsten Sinn zu haben. Er brauchte einen nur anzusehen und wusste, was man dachte. Er war hager, groß und sehr gutaussehend. Wir planten den Aufstand, als Wagner gerade Fronturlaub hatte. Sascha (Alexandr Petscherski), der Anführer unseres Aufstands sagte:

«Solange Wagner hier ist, werden wir nichts erreichen!» Ich bin mir sicher, wäre Wagner bei unserem Aufstand im Lager gewesen, nicht einer von uns hätte ihn überlebt. Wahrscheinlich hätte sich unser Plan nie verwirklichen lassen. Schon beim Anblick von Wagners Gesicht hätte man vor Angst sterben können.

Wenn ich daran denke, wie groß sein Durst nach jüdischem Blut war, bleibt ein Vorfall in Zusammenhang mit meinem Überleben rätselhaft. Einmal bekamen Shlomo Alster und ich den Auftrag, ein niedriges, einstöckiges polnisches Bauernhaus mit Strohdach zu errichten. Dafür sollten wir Holz verwenden, das aus abgerissenen jüdischen Häusern stammte. Die Holzbretter sollten lückenlos aneinandergepasst werden. Im oberen Teil der Mauern gelang mir das allerdings nicht, und es gab Lücken; wir hatten keine Leiter, kamen also nicht richtig in alle Ecken. Alster sagte: «Kalmen, du hast schlampig gearbeitet, wir werden Ärger bekommen.» Ich antwortete ihm: «Zur Hölle mit dir, Shlomo! Zur Hölle mit der SS! Wenn ich kein vernünftiges Werkzeug habe, wie soll ich da ordentliche Arbeit leisten?»

Als Wagner unsere Arbeit inspizierte, fielen ihm die Lücken zwischen den Brettern auf. Er wurde sehr wütend. Seine Augen sprühten Funken. Er verpasste mir 20 Peitschenhiebe und schlug mich kräftig zusammen – bevor er mich zurück in die Baracke stieß. Ich weiß nicht mehr, wie ich die 20 Hiebe überlebte. Am nächsten Tag kam er in die Baracke gestiefelt und brüllte mich an: «Tischler, komm!» Wenn er in diesem Ton und mit entsprechendem Gesichtsausdruck sprach, nahm er die betreffende Person meist bei der Hand und führte sie direkt in die Gaskammer. Jeder Jude wusste das. So machte er es immer. Im Gehen sagte er zu mir: «Entweder schaffen oder die Öfen.» Ich hatte Fieber und konnte nicht einmal mehr sprechen. Ich hatte überall Schwielen, war furchtbar zugerichtet. Doch als ich Wagners Stimme hörte, kam ich plötzlich wieder zu mir. Er nahm mich mit zu dem Haus, das wir gebaut hatten, und sagte: «Bring die schlechten Stellen in Ordnung! Jetzt! Und zwar richtig!» Ich begann von Angst getrieben zu arbeiten. Die Angst vertrieb das Fieber aus meinem Körper. Mit dem Tod direkt vor Augen arbeitete ich wie verrückt und machte es diesmal richtig. Warum Wagner mich am Leben ließ, warum ich eine zweite Chance bekam – ich kann es nicht sagen. Ich weiß es nicht.

Manche Häftlinge hatten bedingt durch verschiedene unbehandelte Leiden und Krankheiten ständige Schmerzen. Sie erhielten keine Medizin – nichts zur Behandlung ihrer Krankheiten. Deshalb war es an der Tagesordnung, dass Häftlinge sich selbst umbrachten. Manche brachen einfach psychisch zusammen und wählten ebenfalls den Freitod.

Das Essen wurde in einer bestimmten Reihenfolge ausgegeben. Wir stellten uns alle für unsere klägliche Ration an: ein bisschen Ersatzkaffee und 100 Gramm sägespänartiges Schwarzbrot. Dann ertönte plötzlich ein lautes, dröhnendes «Antreten!», und wir rannten alle zum Appell und zur Arbeit. Viele von uns hatten gar keine Zeit zu essen, und wenn wir überhaupt etwas in unseren Schüsseln hatten, dann wurde es durch das Gedränge und Gehetze, das dem Antrittsbefehl folgte, verschüttet. Das Leben der Häftlinge in Sobibor war durch ein sehr schnelles Tempo bestimmt – immer hieß es «schnell, schneller», unterbrochen von schrecklichen Schlägen. Unser Arbeitstag endete um 15.30 Uhr. Dann stellten wir uns in Viererreihen zum Appell auf, danach jagte uns ein Kapo in unsere Baracke, wo wir schliefen. Die Deutschen kamen in unser Lager, um uns zu zählen und sicherzustellen, dass niemand ausgebrochen war. Sie wussten, wer nicht mehr in der Lage war zu arbeiten, solche Leute hatten sie im Blick. Also «selektierten» sie sie – holten sie aus der Gruppe und ließen sie abseits stehen. Dann wurde ihnen befohlen, ihre Hosen herunterzulassen, dann wurden sie brutal geschlagen; man zwang sie, die Schläge zu zählen. Und wir anderen wurden gezwungen, zuzusehen und zu lachen. Das ging jeden Tag so. Dasselbe machten sie mit den jüdischen Frauen (wir waren 400 Männer und 200 Frauen): Sie holten sie heraus und schlugen sie, bis sie tot waren.

Die in Sobibor internierten jüdischen Frauen arbeiteten in der Wäscherei und in der Küche. Manche versuchten, ihren Tod hinauszuschieben, indem sie sich schminkten (die Utensilien kamen von den eintreffenden Transporten), um lebendiger auszusehen. Manche waren echte Schönheiten und die Geliebten von Kapos, die ihnen die feinsten Köstlichkeiten zu essen brachten. Die Kapos hatten Einzelzellen, in die sie ihre Geliebten mitnahmen. Einer der Kapos war schon so entmenschlicht und bestialisch, dass er auf der Suche nach einem Mädchen, das ihm gefiel, in die Frauenbaracke eindrang. Er fand sie mit ihrer Mutter in einer Koje liegend. Der Kapo ließ die Hosen herunter und besprang das Mädchen. Die Mutter musste zusehen, während der Kapo ihre Tochter vergewaltigte. Hätte die Mutter auch nur einen Laut des Protests von sich gegeben, wäre sie erledigt gewesen. Wenn ein Kapo einem Mädchen Essen brachte, teilte sie es meist mit anderen Frauen. Deshalb sahen viele der Frauen nicht so schlimm aus. Manche Frauen wollten unbedingt gesund aussehen und «ihrem» Kapo gefallen, sie zogen sich deshalb drei- bis viermal am Tag um. An Kleidern mangelte es in Sobibor nicht, denn die eintreffenden Transporte lieferten ständig neue. Die Kapos organisierten «Partys» in den Frauenbaracken. Manche Frauen konnten ihre Moral jedoch einfach nicht ablegen, und sie konnten sich auch nicht mit jenen befreunden, die sich für die Kapos prostituierten. Die Frauen mit hohen Grundsätzen litten sehr; manche von ihnen sahen aus wie lebende Skelette.

Ein Kapo konnte bis zu einem gewissen Maß ebenso wie die Deutschen oder die Ukrainer Befehle erteilen, und die gewöhnlichen jüdischen Häftlinge hatten panische Angst vor ihnen. Wenn ein Jude einem Kapo nicht gehorchte, wurde das den Deutschen gemeldet, und der Betreffende wurde bald abgeholt und in den Tod geführt. Die Macht der Kapos war begrenzt, doch entscheidend. Innerhalb ihrer Grenzen waren sie allmächtig und herrschten über Leben und Tod der Unglückseligen, die ihnen unterstellt waren. Es gab ein paar gute Kapos, doch die meisten waren zu Tieren geworden.

Jeder Kapo hatte eine Gruppe Häftlinge, die ihm unterstellt war. Die Deutschen sagten dem Kapo, was eingepackt werden sollte, wie dies geschehen sollte usw. Die Kapos sorgten dann dafür, dass die ihnen unterstellten Männer die Befehle richtig ausführten. Ich hatte ebensolche Angst vor meinem Kapo wie er vor der SS. Er trug eine große Peitsche, war gut angezogen, hatte sein eigenes Zimmer und ein Privatleben. Er trug eine spezielle Mütze, ähnlich der eines Chauffeurs, mit einem kleinen Schirm. Die Kapos waren in gewissem Sinne die Vorarbeiter der riesigen Fabrikanlage. Die SS-Männer, die auf Fronturlaub gingen, nahmen Diamanten und Gold mit, um ihre Besuche bei ihren Lieben zu «bereichern». Die Diamanten und das Gold bekamen sie von den jüdischen Fachleuten, die dafür zuständig waren, diese Schätze für die Verschickung nach Deutschland zu sortieren und zu verpacken. Manchmal warfen diese jüdischen Expertenhäftlinge ungewöhnlich große Diamanten in den Müll – sie wollten nicht, dass sie in die Hände der Deutschen fielen. Meine Gruppe arbeitete häufig an Möbeln, die nach Deutschland verschickt werden sollten. Nur die Juden arbeiteten wirklich. Die Deutschen liefen nur schnüffelnd herum und suchten nach Drückebergern und Schwächlingen. Wo immer wir arbeiteten, war der oberste Chef ein Oberscharführer der SS. Die Kapos durften den SS-Mann aufsuchen, wenn sie Anweisung oder ähnliches brauchten. Wenn der SS-Mann gerufen wurde, kam er sofort in die Werkstatt. Sie kamen immer sehr gern – so hatten sie etwas zu tun und konnten beschäftigt wirken. Zwischen den Transporten langweilten sie sich und sie wollten nicht an die Front geschickt werden. Die Ankunft eines Transports brachte die Deutschen in Schwung – es weckte ihre Lebensgeister, und ihr gesamter Sadismus und ihre Brutalität brachen hervor. Es gelüstete sie nach den Transporten. Wenn keine Transporte kamen, befahlen die Deutschen den Häftlingen, Bäume und Blumen zu pflanzen, Bäder für die SS zu bauen usw. Es gab immer etwas zu tun.

Einmal kam eine Kommission von Inspektoren (hochrangige SS-Männer) nach Sobibor. Man machte mit ihnen eine Führung durch unsere Hölle. Man zeigte ihnen, wie makellos sauber die Baracken und Werkstätten waren. An diesem Tag wurde niemand geschlagen. Die hochrangigen SS-Männer trugen grüne Ausgehuniformen und Federn auf ihren Hüten. Die Kapos trugen alle Zivilkleidung mit blauen Insignien. In unserer Baracke hieß es, die Delegation würde von Himmler oder Eichmann angeführt. Die Delegation verbrachte nicht viel Zeit in Sobibor, doch solange sie da war, waren wir gelähmt vor Angst. Wir fürchteten uns davor, diese großen Tiere anzusehen. Die Häftlinge hatten bestimmte vorgefertigte Antworten bekommen, die sie geben sollten, wenn man ihnen Fragen stellte. Wir hatten Angst, die Deutschen würden auf uns zukommen und uns Fragen stellen, und wir würden sie falsch beantworten. Wir wussten, dass wir für eine falsche Antwort mit der Gaskammer bestraft würden. Wir hatten einen riesigen Minderwertigkeitskomplex; wir glaubten, dass wir als Juden einer Lebensstufe unter der von Tieren angehörten. Und wir fürchteten uns wie das hilfloseste Vieh. Den Deutschen war es gelungen, uns unseres Selbstwertgefühls als Menschen und der damit zusammenhängenden Würde zu berauben. Deshalb war die Revolte, die später folgte, so wichtig. Ob wir lebten oder starben, wenigsten würden wir unsere Menschenwürde zurückerlangen. Unsere Anführer Alexandr Petscherski und Leon Felhendler gaben uns der Menschheit zurück. Das allein war schon eine großartige Leistung.

Die beiden Baracken der Männer im Lager I trennte nur ein Küchengebäude von den Baracken der Frauen. Wir konnten in die Baracken der Frauen gelangen, weil die Deutschen sich nichts daraus machten, sich im Lager aufzuhalten. Sie kamen zu den Appellen, um bestimmte Nachforschungen anzustellen oder um einen Häftling abzuführen. Doch im Allgemeinen hielten sie sich nicht bei uns auf. Ich selbst ging in die Baracken der Frauen und bettelte um Essen, weil manche von ihnen von «ihren» Kapos gut mit Essen versorgt wurden. Mich plagte immer der Hunger, und manch eine der gut genährten Frauen hatte Mitleid mit mir; ich bekam hier einen Löffel Marmelade, dort eine Scheibe Brot. Was immer ich bekam, hatte großen Wert für mich, weil ich es gegen etwas anderes eintauschen konnte. Als Tischler wurde ich oft an verschiedenen Orten des Lagers eingesetzt, und das gab mir die Möglichkeit zu handeln.

Bei den Appellen waren viele SS-Männer anwesend. Dann gingen sie mit ihren Peitschen herum und blickten den Leuten ins Gesicht. Wenn einem SS-Mann das Gesicht eines Häftlings nicht gefiel, holte er ihn aus der Reihe heraus. Wer immer einem SS-Mann missfiel – egal aus welchem Grund, auch wenn es keinen gab –, wurde herausgeholt. Die SS-Männer riefen dann: «Lass die Hosen runter!» Und dann kamen die anderen, um «mit von der Partie» zu sein, und schlugen gnadenlos auf den Häftling ein. Das Blut floss in Strömen, und wir hatten strengsten Befehl, uns das Ganze aufmerksam anzusehen und zu lachen. Wenn ein Deutscher sah, dass ein Jude nicht lachte, wurde dieser ebenfalls geschlagen. Die misshandelten Juden wurden anschließend in die Baracken geworfen. Allerdings waren sie am nächsten Tag in so schlechter Verfassung, dass sie nicht zur Arbeit gehen konnten. Daraufhin brachte man sie auf direktem Wege in die Gaskammer. Solche Vorfälle ereigneten sich fast täglich. Frauen waren von dieser Behandlung nicht ausgenommen.

Damals war ich verwirrt, wie wir es alle waren, doch bald erfuhr ich, dass dieses eine Wort – Sobibor – gleichbedeutend mit einem Winkel der Hölle war. Einer wahrhaftigen Hölle. Sobibor lag an der Bahnlinie Chełm–Włodawa, unweit von Błudowa, einem kleinen Schtetl. Die gesamte Gegend war ein großes, dichtes Waldgebiet. Das Lager war groß, es hatte etwa sechs Quadratkilometer. Es war umgeben von einem Elektrozaun, Stacheldraht, einem Streifen mit Landminen und einem Wassergraben. Mancherorts gab es zwei bis drei Reihen des Stacheldrahts. Außerdem standen an entscheidenden Stellen am Rand des Lagers Wachtürme mit kleinen Kabinen. Sie waren meist von Ukrainern mit Maschinengewehren besetzt. Die Baracken wurden aus Bauholz von abgerissenen jüdischen Häusern der Umgebung erbaut. Ein Gleis war bis zum Lager ausgebaut worden.

Das Lager war in verschiedene Bereiche aufgeteilt. Das Vorlager war der Ankunfts- und Aufbewahrungsbereich. Dort befanden sich die Büros der SS-Hauptmänner ebenso wie die Unterkunftsbaracken der Ukrainer. Es gab Lagerräume für Schuhe, Gepäckstücke, Kleider usw., die man alle den eintreffenden Juden weggenommen hatte. Hier arbeiteten auch die Friseure, die den jüdischen Frauen die Haare schoren. Außerdem gab es auf dem Gelände verschiedene Sortierstationen. Wir, die jüdischen Häftlinge, die eine kurze Gnadenfrist bekommen hatten, «lebten» (wenn man es überhaupt so nennen kann) im Lager I, wo sich verschiedene Küchen und Werkstätten befanden – Schneider- und Schusterwerkstätten, eine Sattlerei, eine Tischlerbaracke (wo ich arbeitete), eine Schmiede, eine Malerwerkstatt usw. Es war wie eine große Fabrik. Wir hatten alle möglichen Handwerker – Juweliere, Schneider, Schuster usw. Die jüdischen Häftlinge waren dafür zuständig, Kleidung nach Deutschland zu verschicken, Schuhe zu reparieren und zu verschicken usw. Das einzig Unbrauchbare waren die armen Juden, die diese Schuhe und Kleider getragen hatten – sie wurden «entsorgt». Alles andere wurde für das Dritte Reich aufbewahrt. Unser Bereich, Lager I, war durch Stacheldraht abgetrennt, allerdings war es kein Elektrozaun. Lager II war für die SS-Bestien. Es gab einen Kontrollpunkt zwischen unserem Lager und dem der Deutschen. Ihre Baracken waren sehr ordentlich, sehr korrekt und mit Blumen geschmückt. Hier wurden Wertsachen gelagert – Tafelsilber, Schmuck usw. In diesem Bereich gab es außerdem einen Pferde-, einen Schweine- und einen Hühnerstall. Die Zäune hatten nicht alle Strom. Nur die Außenzäune und die um Lager II waren Elektrozäune.

Die Vergasungen und Verbrennungen fanden in Lager III statt. Etwa 200 Juden lebten dauerhaft in diesem Schlachthof, doch wir hatten keinen Kontakt zu ihnen. Wir durften nicht einmal in die Richtung von Lager III schauen. Das Schlachthaus, Lager III, sollte absolut geheim sein. Wir sollten so tun, als existiere es nicht und als wüssten wir nichts davon. Allerdings wäre es nur einem stark zurückgebliebenen Menschen gelungen, das, was dort vor sich ging, nicht zu bemerken. Der Rauch und der Gestank sprachen für sich, und hin und wieder hörten wir ein entsetztes «Shma Jisrael» zu uns herüberhallen. Ein freundlicher Kapo sagte mir einmal, dass nachdem die armen Juden in den «Duschen» vergast worden waren, der Boden sich öffnete und die Leichen nach unten fielen, um dann von den jüdischen Häftlingen zur Verbrennung geschleift zu werden. Der Kapo erzählte mir, dass einer der Juden dort die Leiche seiner eigenen Frau in der Masse verschlungener Körper entdeckt hatte. Viele Juden leisteten Widerstand und mussten in die Gaskammer geprügelt werden. Der Kapo erzählte mir, dass die gesünderen Juden länger brauchten, bis das Gas sie tötete. Sie litten länger.

Einmal arbeitete eine Gruppe Juden in der Nähe des Tötungslagers; sie mussten dabei Zement oder Mörtel in Schubkarren transportieren. Einige der Schubkarren rollten bergab in die Zone des Tötungslagers. Ein paar Juden rannten hinunter, um die Schubkarren zurückzuholen. Sie kamen nie wieder zurück. Sie wurden vom großen «Geheimnis» verschlungen. Alle Juden, die in der Nähe des Tötungslagers arbeiteten, hatten entsetzliche Angst.

Wenn wir um 15.30 Uhr mit der Arbeit fertig waren, jagte man uns zurück in unser Lager I, wo wir auf Karl Frenzel von der SS warteten, der uns antreten ließ und zählte. Er war ein fetter Sadist. Einmal unterhielt ich mich mit einem Mithäftling, dem befohlen worden war, Frenzels Koffer zu packen, als dieser Fronturlaub hatte. Der Häftling sagte mir, dass Frenzels Koffer voll mit Gold, Diamanten usw. von Juden war – genug, dass seine Kindeskinder niemals selbst für ihren Lebensunterhalt zu sorgen hätten. Dieser Frenzel war für unsere Appelle zuständig. Nachdem wir gezählt worden waren, bekamen wir etwas zu essen, und damit war der Tag für uns zu Ende.

Einmal beauftragte man mich mit Tischlerarbeiten in einer leeren Baracke. Ich fühlte mich schwach und zermürbt; ich hatte nicht vor, mehr zu tun, als unbedingt nötig. Da niemand sonst da war, dachte ich mir, dass ich mir Zeit lassen könnte. Dann steckte ein Jude mit einem fahlgelben Gesicht die Nase durch die Tür und sah, dass ich faulenzte. Daraufhin rannte er sofort zu Wagner und verriet mich. Er wollte ein Kapo werden und dachte sich wohl, dass er durch eine solche Meldung zeigen könnte, wie streng und eifrig er war. Ich kann nicht erklären, was dann passierte, jedenfalls packte Wagner den Verräter am Arm und brachte ihn geradewegs ins Tötungslager. So fand der Verräter sein Ende, aber ich kann bis heute nicht verstehen, warum Wagner sich damals so verhielt.

Bei einer anderen Gelegenheit sah ich eine Gruppe Neuankömmlinge: westliche, gebildet aussehende Juden, denen man Essen gegeben und erzählt hatte, sie kämen in ein Arbeitslager. Dann setzte man sie an einen Tisch und befahl ihnen, ihren Verwandten und Freunden zu Hause Briefe oder Postkarten zu schreiben. Man sagte ihnen, sie sollten ihre Verwandten und Freunde beruhigen und ihnen sagen, sie seien in einem Arbeitslager, wo das Essen gut und die Bedingungen erträglich seien. Sie schrieben die Briefe und Postkarten, manche mit vielen Schnörkeln, sie suchten nach «poetischen» Formulierungen und unterschrieben mit Schwung und Unterstrich. Gleich nachdem sie diese Briefe geschrieben hatten, brachte man sie zu den «Duschen», sie wurden vergast und verbrannt. Dies geschah viele Male, doch einmal konnte ich es selbst sehen, wie sie an den langen Tischen saßen und schrieben. Dieses Schreiben von Briefen und Karten hatten sich die Deutschen auf diabolische Weise ausgedacht, damit es leichter für sie sein würde, die Juden zu deportieren.

Viele Male kamen große Judentransporte aus Russland an. Diese Juden unterschieden sich von ihren holländischen und deutschen Brüdern darin, dass sie wussten, wohin man sie brachte. Sie hatten keine Illusionen, deshalb leisteten sie Widerstand. Beim Entladen der Waggons stürzten sie sich auf die Deutschen, und noch bevor man sie festnahm, hatten sie sich gewehrt. Nach einer Weile richteten sich die Deutschen darauf ein, indem sie ihr System «verfeinerten»: Bei den Transporten von Russland nach Sobibor waren die Juden völlig nackt. Sie entkleideten sie, um ihnen das Entkommen zu erschweren; ohne Kleidung konnten diese Juden keine Waffen verstecken. Manche versuchten von der Entladerampe zu fliehen und gegen die SS anzukommen, doch ohne Waffen hatten sie überhaupt keine Chance. Die Deutschen, die auf der Entladerampe beim Entladen der holländischen und deutschen Juden noch «relativ sanft» waren, änderten ihre Taktik bei den russischen Juden: Sobald sich die Wagentüren öffneten, schlugen sie pausenlos und brutal auf sie ein. Sie hieben weiter auf sie ein, während sie sie zu den Gaskammern trieben. Einige der russischen Juden riefen «Shma Jisrael, Shma Jisrael!» Und dann wurden ihre Rufe immer schwächer und schwächer und schwächer.

Jeder Tag brachte neue Schrecken mit sich. Ich erinnere mich, wie die Deutschen sogar eine «Hochzeit» zweier Häftlinge arrangierten. Es war eine richtige Hochzeit mit Rabbis, Feierlichkeiten, Musik usw. Für die Feier hatten sie sich eine jüdische Sängerin und Tänzerin aus Frankreich als Hauptsolistin ausgesucht. Ach, wie sie sang! So wunderschön, mit so viel Ausdruck. Die Deutschen hatten die Hochzeitsfeier für ihre eigenen grotesken Propagandazwecke inszeniert. Sie filmten die gesamte Hochzeit, danach wurden alle Beteiligten, inklusive der französischen Solistin, direkt in die Gaskammer gebracht.

Man musste aufpassen, mit wem man sprach, auch unter den jüdischen Häftlingen, sonst konnte man in der Gaskammer enden. Die Häftlinge vom Bahnhofskommando waren in einer besseren Verfassung als wir anderen, und viele von ihnen glaubten, sie würden ewig leben. Es war gefährlich, mit manchen von ihnen zu reden – sie waren schreckliche Verräter. Sie liefen herum und suchten geradezu nach Leuten, die sie verraten konnten. Es gab einen Oberkapo aus Berlin (wir nannten ihn «Berliner»), der ein ausgezeichnetes Hochdeutsch sprach. Er war etwa 40 Jahre alt und sah nicht so abgemagert und galgenvogel-artig aus wie wir anderen. Er glaubte, man würde ihn wegen seines ausgezeichneten Deutschs – dem Zeichen seiner «Verwurzelung» in der «großen deutschen Kultur» – verschonen. Als Oberst Frenzel auf Fronturlaub war, meinte dieser Kapo, seine Chance sei gekommen – er würde Frenzel zeigen, wie ergeben er war, wie tüchtig. Wenn er auch nur einen Strohhalm sah, der nicht an der richtigen Stelle saß, schlug er gnadenlos auf den nächsten Juden ein. Er veranlasste, dass viele Juden in die Gaskammer geschickt wurden. Er war so schlimm und so sadistisch, dass – man mag es kaum glauben – die anderen Kapos sich zusammentaten und ihn überfielen. Sie schlugen in furchtbar zusammen, während er die ganze Zeit schrie, er würde sich ändern und «gut» werden. Doch seine Schreie halfen ihm nicht; sie schlugen ihn tot. Es brauchte zwei Stunden andauernder Schläge, um ihn umzubringen. Und als Frenzel zurückkehrte, fragte er nicht einmal nach ihm. Frenzel erkundigte sich nie danach, was aus diesem pflichteifrigen Helfer geworden war. Wir Häftlinge konnten dagegen etwas freier atmen, nachdem der Berlin-Kapo weg war.

Eines Nachts, es war Winter, wurden wir plötzlich durch einen «Antreten!»-Befehl geweckt. Obwohl es zu der Zeit sehr kalt war, blieb uns keine Zeit, unser miserables Schuhwerk anzuziehen. Draußen waren viele SS-Männer mit Peitschen, die auf uns warteten und auf uns einschlugen. Sie schlugen uns in Schichten – wurde eine Gruppe von SS-Männern müde, wurde sie von frischen «Schlägern» abgelöst. Das Auspeitschen dauerte die restliche Nacht, und wir wussten nicht einmal, wofür wir dermaßen geschlagen wurden. Später fanden wir heraus, dass eine Gruppe von Partisanen, die in der Gegend aktiv war, versucht hatte, mit einigen von uns Kontakt aufzunehmen. Die Deutschen glaubten, die Partisanen hätten vor, in Sobibor einzubrechen, um die Juden auf ihre Seite zu bringen. Deshalb schlugen sie uns, um jeglichen Gedanken an Widerstand im Keim zu ersticken. Nach dieser winternächtlichen Tracht Prügel starben viele Juden – sie hatten sich in der Kälte bestimmt eine Lungenentzündung geholt, oder sie erlitten einen Schock. Schließlich waren wir nach dieser Prügelorgie ein einziger blutüberströmter Haufen. Irgendetwas musste in jener Nacht im Lager los gewesen sein, denn ich hörte damals viele Motorengeräusche in der Nähe.

Ich erinnere mich an einen Vorfall, der damit zusammenhing, dass es den Deutschen nicht passte, dass die Äste eines bestimmten riesigen Baumes über den Elektrozaun ragten, der das Lager umgab. Also wurde eine Arbeitsgruppe jüdischer Häftlinge zusammengestellt, um den Baum zu fällen. Einer dieser Häftlinge war Babyulis, ein stämmiger, robuster russischer Jude. Er war ein Freund Sascha Petscherskis. Man befahl ihm, ganz oben auf den Baum zu klettern und sich auf eine bestimmte Weise gegen den Stamm zu lehnen, sodass der Baum, wenn er gefällt wurde, in die gewünschte Richtung fallen würde. Zwei Juden wurden beauftragt, den riesigen Baumstamm mit einer großen Säge zu bearbeiten. Sie sägten und sägten, und der Baum fiel geradewegs auf den Zaun. Babyulis, der den Sturz überlebte, wurde so schlimm zugerichtet, dass sein gesamter Körper nur noch aus rohem Fleisch zu bestehen schien. Anschließend warfen ihn die Nazibestien zurück in die Baracke. Obwohl wir zu der Zeit besonders wenig zu essen hatten (seit einiger Zeit waren keine Transporte mehr gekommen), steuerten wir alle etwas von unseren Rationen bei, um Babyulis zu ernähren, damit er genesen und wieder arbeiten konnte. Er war einer von Saschas Hauptkomplizen bei der Organisation und Durchführung des Aufstands, doch er überlebte die Revolte nicht. Im Übrigen starben noch weitere Juden, denen man befahl, oben auf Bäume zu klettern. Wenn die Bäume zu Boden krachten, kamen diese armen Unglückseligen zu Tode. Die Deutschen betrachteten dies als «Unterhaltung».

Einmal passierte etwas im Bereich der Frauen – vielleicht arbeiteten sie dort nicht richtig oder so etwas. Manche von ihnen hatten mit der Verschickung von Schuhen, Kosmetik und Textilien der ermordeten Juden nach Deutschland zu tun, andere flickten Kleidung und wieder andere arbeiteten in der Lagerwäscherei oder in der Küche. Sie hatten die unterschiedlichsten Aufgaben. In Sobibor stapelte sich das Gold nur so – das musste alles sortiert und verpackt werden. Jetzt war es das «heilige» Eigentum des Dritten Reichs, und manche Frauen arbeiteten an den Goldbergen. Doch irgendetwas musste schiefgelaufen sein, denn die Deutschen holten ein paar junge, hübsche Mädchen heraus, zogen sie nackt aus, fesselten sie an Händen und Füßen und prügelten gnadenlos auf sie ein. Wir mussten uns das grausame Schauspiel ansehen, mussten uns die erbärmlichen Schreie und das Weinen der Mädchen anhören und dabei laut lachen. Einige dieser geschlagenen Mädchen wurden danach ins Tötungslager gebracht.

Das wichtigste Ereignis in unserem Leben – das der Grund dafür ist, dass ich heute am Leben bin, um meine Erinnerungen aufzuschreiben –, fand im September 1943 statt, nämlich als Alexandr Petscherski (Sascha) in Sobibor ankam. Sascha, ein sowjetisch-jüdischer Kriegsgefangener, war von einem Arbeitslager in Minsk nach Sobibor verlegt worden. Er war ein gebildeter Mann, ein Offizier der Roten Armee. Als sein Transport in Sobibor eintraf, fragten die Deutschen, ob irgendwer ein Schreiner oder Tischler sei, und Sascha, ein großer Mann, gab an, Tischler zu sein. Er hatte zwar keine Ahnung vom Tischlerhandwerk, doch mit dieser Lüge rettete er sich damals selbst das Leben. Die Deutschen holten ihn und ein paar andere aus der Menge der ankommenden, todgeweihten Häftlinge heraus, und stießen sie zu uns in die Baracke. Sascha hatte seine Offizierspapiere und seine Rangabzeichen weggeworfen, denn hätten die Deutschen gewusst, dass er ein sowjetischer Offizier war, hätten sie sich sofort seiner entledigt. Die Gebildeten und die Offiziere sowie politische Beauftragte töteten die Deutschen zuerst.

Einer von uns, Leon Felhendler, der Sohn eines Rabbis, war schon knapp ein Jahr in Sobibor. Da kaum noch Transporte nach Sobibor kamen, dachte Felhendler, dass das Lager und jeder einzelne Häftling, der dessen Existenz bezeugen könnte, ausgelöscht werden würde. Er hatte einen Trupp um sich versammelt, der größtenteils aus Vorarbeitern bestand, und sie arbeiteten an einem Plan, um der Hölle zu entkommen, die sich Sobibor nannte. Felhendler war begeistert, als Sascha im Lager ankam, denn er erkannte, dass Sascha und seine Freunde Kriegsgefangene waren. Sie hatten militärische Erfahrung, wussten über Waffen, Munition usw. Bescheid. Sie würden nicht vor dem Nahkampf zurückschrecken. Doch Felhendler war auch nicht dumm. Erst musste er Sascha auf Herz und Nieren prüfen – seine Reaktionen testen usw. und herausfinden, was für ein Mensch dieser Kriegsgefangene war.

Sascha lernte uns schon nach ein paar Tagen kennen und erzählte uns von seinen Erfahrungen. Er vertraute uns und erkannte, dass er sich auf uns verlassen konnte, deshalb gestand er uns, kein Tischler zu sein. Er bat um unsere Hilfe – ihm konnten nur solche Arbeiten zugeteilt werden, bei denen seine Unkenntnis nicht auffallen würde. Die Deutschen waren üblicherweise nicht in den Werkstätten – sie schauten nur gelegentlich vorbei. Wenn wir wirklich wollten, konnten wir also jemanden decken. Sascha wollte nicht, dass die Deutschen seine Unfähigkeit bemerkten. Er sagte: «Kameraden, wenn ich überlebe, werden wir hier etwas abziehen!» Sascha lernte uns sehr gut kennen, weil er es darauf anlegte, so viele Häftlinge wie möglich kennenzulernen. Er wollte herausfinden, wer die Verräter waren. Er hatte sich vorgenommen, Sobibor so gründlich wie möglich unter die Lupe zu nehmen. Handeln würde er später.

Sascha beeindruckte uns alle sehr. Er strahlte Autorität und Kontrolle aus. Da Sascha kein Jiddisch sprach, kommunizierte Felhendler durch einen Mittelsmann mit ihm, den Kunsttischler Leitman, der in unserer Werkstatt arbeitete. Er kam ursprünglich aus Warschau und war ebenso im Arbeitslager in Minsk gewesen, wo er Sascha kennengelernt hatte und sein Freund wurde. Leitman wurde Saschas Dolmetscher, da Sascha nur Russisch und etwas Deutsch sprach. Saschas rechte Hand war ein anderer sowjetischer Kriegsgefangener, Boris Tschibulski, ein stämmiger, kräftiger Bergarbeiter.

Sascha erforschte also Sobibor erst einmal. Nicht zu vergessen: Was in Lager III geschah, sollte ein großes «Geheimnis» sein. Niemand sollte etwas davon wissen oder überhaupt davon gehört haben. Doch Sascha kam der Wahrheit bald auf die Spur. Felhendler sorgte dafür. Er erzählte Sascha alles vom Gerede der Kapos und den Nachrichten, die aus diesem höllischen Schlachthaus herausgeschmuggelt worden waren.

Sascha sagte, es würde Zeit brauchen, bis wir wüssten, wer «unsere» Leute wären – die, denen man vertrauen konnte. Er trug uns auf, so viele Juden wie möglich persönlich kennenzulernen, insbesondere die Kapos. Er beschrieb uns ganz allgemein, was ihm vorschwebte. Er warnte uns: Ein Fehltritt und wir wären alle tot. Der Plan würde nie gelingen. Er wies uns an, mit niemandem darüber zu sprechen.

Der Plan sah folgendermaßen aus: Der Aufstand sollte innerhalb einer Stunde während der üblichen Appellzeit (16.30 Uhr) stattfinden. Die deutschen SS-Männer sollten mit List und Tücke einer nach dem anderen umgebracht werden. Sie sollten unter einem Vorwand in die Werkstätten gelockt werden. Ihre Tötung müsste völlig geräuschlos und innerhalb eines engen Zeitplans geschehen. Sollte man ihre Abwesenheit bemerken, würde es das Ende unseres Vorhabens bedeuten. Wir würden um 16.30 Uhr wie gewohnt zum Appell antreten. Alles müsste sehr schnell geschehen, denn nachdem wir gezählt worden waren, stellten sich die Deutschen in ihrem Lager auf und wurden ebenfalls gezählt, sodass, wenn einer fehlte, sofort ein Großalarm ausgelöst würde. Es sollte so ablaufen, dass unsere Kapos uns durch das Tor geleiten sollten, das von Ukrainern bewacht wurde. Das wäre zwar ungewöhnlich, doch wenn die Ukrainer sahen, dass die Kapos alles «unter Kontrolle» hatten, wären sie lange genug verwirrt, um unsere Männer passieren zu lassen. Eine weitere Gruppe Häftlinge, mich eingeschlossen, hatten den Zaun in der Nähe der Tischler- und Schmiedewerkstätten «präpariert» – wir hatten den an Strom angeschlossenen

Draht durchtrennt, die herausgeschnittenen Teile versteckt, festgestellt, wo sich keine Landminen befanden usw. Wir würden durch den Zaun ausbrechen. Auch die Telefondrähte zum Lager würden wir kappen und die herausgeschnittenen Teile verstecken. Wir wussten, dass es keine Ersatzteile gab, um Reparaturen schnell zu ermöglichen.

Die gesamte Vorbereitungszeit für den Aufstand war durch Schweigen gekennzeichnet; wir konnten keinem ein Sterbenswörtchen davon erzählen. Unsere Anführer Felhendler und Sascha hatten fünf bis sieben direkte Mitarbeiter. Sie waren in den Plan eingeweiht, und ihnen waren entscheidende Aufgaben zugeteilt worden. Sie hatten die Aufsicht über 30 bis 40 weitere Häftlinge, die nicht ganz so wichtige Aufgaben übernehmen sollten. Mein Cousin Kramer aus Benkeh, ein intelligenter und gebildeter Mann, gehörte zu den 30 bis 40 Leuten, die über die eigentliche Durchführung des Aufstands Bescheid wussten. Sascha umgab sich mit gebildeten Leuten, nicht mit der rauen Sorte. Viele der anderen Häftlinge erfuhren von dem Aufstand erst eine Stunde, bevor es tatsächlich losging, als wir die Messer verteilten, die wir so vorsichtig geschärft und versteckt hatten. Jeder Gegenstand, den man als Waffe einsetzen konnte, war präpariert worden; jedes Stück Metall war kostbar. Da der Boden in Sobibor sehr sandig war, war es relativ leicht, Waffen zu verstecken. Und die Deutschen schöpften eigentlich keinen Verdacht, da sie sich nicht vorstellen konnten, dass solch erbärmliche, skelettartige, verängstigte Häftlinge irgendetwas unternehmen würden. Einige Deutsche liefen sogar ohne Waffe in Sobibor herum. Der Ort war so «sicher» und voll mit ihren eigenen ukrainischen Mördern, dass sie glaubten, absolut nichts befürchten zu müssen.

Es war unerlässlich, bestimmte wichtige Kapos in den Plan einzuweihen. Sie konnten eine ganze Masse von Menschen hin und her bewegen, sie hatten die Macht, bestimmte wesentliche Dinge zu tun. Und ihre Führungsrolle könnte uns ein paar entscheidende extra Minuten verschaffen, indem sie die ukrainischen Wächter verwirrten. Es gab einen einäugigen Kapo aus Warschau – Porziszki, ein großer Kerl. Er war ein brutaler Kapo mit einem mörderischen Instinkt. Und dennoch spielte er eine wichtige Rolle während des Aufstands. Sascha hatte entschieden, dass Porziszki zwar schlimm, aber kein Verräter war. Er hatte noch nie jemanden gemeldet. (Der Berliner Kapo, den ich zuvor erwähnte, war ein Informant. Ich glaube, die anderen Kapos brachten ihn deswegen um.)

An den Tag unseres Aufstands erinnere ich mich ganz genau – es war der 14. Oktober 1943. Wir beteten in unserer Baracke, weil Sukkot war, das heilige Laubhüttenfest im hebräischen Kalender. Natürlich beteten wir heimlich im Dunkeln, so wie wir es schon bei Yom Kippur und Rosh Hashana getan hatten.

Als es soweit war, mussten Juden an verschiedenen Arbeitsplätzen ein Zeichen erhalten, dass der jeweilige Kapo einen Deutschen herbeiholen sollte – das bedeutete, dass die Männer mit ihren Waffen bereit waren, ihn zu erledigen. Hauptsächlich wurden Messer und Äxte eingesetzt. Ein Deutscher wurde in der Schusterwerkstatt erdrosselt, da wir nicht wollten, dass laute Schüsse zu hören waren. Jedem Deutschen, der in eine Werkstatt gelockt und getötet wurde, nahmen wir seine Pistole ab und gaben sie einem unserer Gruppenanführer. Allerdings hatten sowohl die Deutschen als auch die Ukrainer immer nur fünf Patronen dabei.

Sascha war sich bei einem der Kapos, der Spitz hieß, nicht so sicher. Eine Stunde vor dem Aufstand sagte er ihm also, er solle lieber bei uns bleiben. Ab diesem Zeitpunkt stand er unter genauester Beobachtung. Zwei unserer Leute wurden angewiesen, Spitz genau zu beobachten. Eine falsche Bewegung, ein Schrei, und er wäre erwürgt worden. Dieser Kapo hatte gemerkt, dass etwas im Gange war; er sah, dass die Häftlinge immer nervöser wurden, miteinander flüsterten usw. Es war unerlässlich, dass man ihn «überwachte», und schließlich war er umzingelt und konnte nichts machen.

Viele Kapos hatten sich ihren Ruf als brutale Schläger reichlich verdient, doch als es soweit war, waren sie wie wir alle beim Aufstand dabei. Ich erinnere mich an Bunjem, einen kleinen, stämmigen Kapo. Er verprügelte die Leute aufs Schrecklichste, doch als der Augenblick der Entscheidung kam, war er dabei, den Aufstand durchzuführen. Solche wie ihn gab es viele.

Ein Jude war von den Deutschen dazu abgestellt worden, den Elektrozaun, der das Lager umgab, ständig zu überprüfen. Vor dem Krieg war er Elektriker gewesen. Er war in die Pläne für den Aufstand eingeweiht und bekam ein besonderes Zeichen, damit er den Stromfluss unterbrach. Jeder hatte sein eigenes Signal – ein Spucken oder ein

Wort oder ein bestimmtes Handzeichen –, wonach er zur Tat schreiten konnte. Diese Zeichen wurden absolut geheim gehalten. Der Elektriker hatte während des Aufstands eine komplexe Aufgabe zu erfüllen, denn er musste nicht nur die Drähte durchschneiden, sondern auch die herausgeschnittenen Teile verteilen und gut verstecken, sodass der übrige Zaun nicht zu reparieren war. Mit dem Stacheldraht musste ebenso verfahren werden. Wir waren von drei Reihen Elektrozaun sowie einem Wassergraben umgeben, also kann man sich vorstellen, was der Elektriker leisten musste.

Ein Deutscher, Unteroffizier Greischütz, kam üblicherweise gegen Ende eines Arbeitstages in die Schusterwerkstatt, um sich die Schuhe putzen zu lassen. Er musste sich auf eine bestimmte Weise bücken, während seine Schuhe geputzt wurden, also hatten verschiedene Juden die Aufgabe bekommen, ihn zu erledigen. Er wurde mit einem Schlag getötet, ein Jude hatte die Aufgabe, das Blut aufzuwischen, ein anderer musste sich darum kümmern, die Leiche loszuwerden. Das war leicht, denn es gab Berge von Schuhen in der Werkstatt. Darunter hätte man zehn Leichen verstecken können. Natürlich konnten viele Deutsche nicht in die Werkstätten gelockt werden, sie waren die größte Hürde bei unserem Aufstand.

Später befand ich mich gleich nach dem Aufstand mit einer Gruppe von 12 Männern im Wald. Einer war Schneider, und er erzählte mir, was in der Schneiderwerkstatt passiert war. Oberst Johann Niemann war der Aufseher in den Gaskammern, wo Hunderttausende von Juden umgebracht wurden. Niemann pflegte auf einem Pferd durchs Lager zu reiten; ein 13-jähriger jüdischer Jugendlicher war für die Pflege des Pferdes zuständig und musste es füttern, striegeln usw. Unsere Schneider mussten «Spezialanfertigungen» für die SS-Männer machen. Niemann hatte einen Mantel bestellt, also bat man ihn, zur Anprobe zu kommen. Er kam auf seinem Pferd zur Schneiderwerkstatt geritten. Dort arbeiteten 12 bis 13 Männer, und der Kapo sagte: «Herr Oberst, der Mantel wird Ihnen nicht passen, weil Ihre Pistole im Weg ist. Mit dieser Beule können wir den Mantel nicht ordentlich anpassen.» Also nahm Niemann seinen Pistolengürtel ab und hängte ihn auf. Während er den Mantel anprobierte, drehten sie ihn um, knebelten ihn, nahmen seine Pistole und spalteten ihm mit einem Axthieb den Schädel. Seine Leiche warfen sie in einen riesigen Kleiderhaufen, in den man zuvor eine entsprechende Ausbuchtung gemacht hatte. (Nach dem Krieg sagten die Polen, die Deutschen hätten Niemann zwei Wochen lang gesucht, bevor sie seine Leiche fanden.) Die Juden machten sich Sorgen wegen des Pferdes, das draußen wartete, doch der 13-jährige Junge, sein Pfleger, ging hinaus und gab ihm einen Klaps aufs Hinterteil, sodass es zu den Ställen galoppierte.

Um 16.30 Uhr war also der Zaun durchbrochen, und viele der Deutschen, die sich üblicherweise in unseren Bereichen bewegten, waren liquidiert worden. Wir hatten vorhergesehen, dass 200 bis 300 Juden bei unserem Ausbruch getötet würden, doch wir hatten uns seelisch auf diesen hohen Preis an Menschenleben eingestellt, weil wir unglaublich verzweifelt waren. Wir wussten, dass die Deutschen uns zum Tode verurteilt hatten – früher oder später. Wir hatten bis zu diesem Punkt allen Widrigkeiten zum Trotz überlebt, doch bald wären auch wir dran. Todesopfer bedeuteten uns nichts, denn wir waren schließlich alle tote Männer, das wussten wir.

Unser Aufstand fand statt, als Wagner auf Fronturlaub war. Unsere Anführer hatten es so geplant, da Wagner zweifellos der Schlaueste unter den Deutschen war. Er hätte gerochen, dass etwas in der Luft lag. Wagner konnte beinahe Gedanken lesen; er konnte einen Juden ansehen und wusste, was dieser dachte. Sascha hatte befürchtet, dass Wagner Lunte gerochen hätte.

Shlomo Alster und ich bekamen Messer, die wir in die Tasche stecken konnten. Sie brachten mir bei, wie man den Draht richtig durchschnitt. Am Tor war ein ukrainischer Wachmann postiert, und ein paar Juden hatten die Aufgabe, das Tor in die Luft zu sprengen. Wir marschierten also zurück zu unserer Baracke, die Kapos mit den Peitschen in der Luft, und sangen, wie wir es immer taten. Wir stellten uns in Reihen auf. Wie immer musste Oberst Frenzel kommen, um uns zu zählen; er wäre an Ort und Stelle eliminiert worden, doch er kam nie an. Von allen Überlebenden bin ich der Einzige, der sagen kann: Ich sah, wie Frenzel auf unser Lager zumarschierte. Er hielt am Zaun inne, sah hinein, drehte sich auf dem Absatz um und ging fort. Frenzel war niemals auch nur eine Minute zu spät gekommen und jetzt kehrte er einfach um. Offensichtlich hatte er einen Verdacht. Wir, die wir 400 Leute waren, warteten auf die 200 Männer, die aus Lager II zu uns herübermarschieren sollten.

Als wir die 200 Gefangenen erblickten, die sich uns anschlossen, rief jemand: «Hurra na Stalinya!», und dieser Ruf wurde von anderen aufgenommen. Stalin war damals unser Gott; jeder Jude betrachtete Stalin als seinen Retter. Erst war es einer, dann waren es zwanzig, schließlich viele, viele mehr, die riefen: «Hurra Na Stalinya!» Der Ruf breitete sich wie ein Lauffeuer aus. Das war das Signal, und alle stürmten in einem wahnsinnigen Lauf in die Freiheit los. Manche stürzten zum Tor, während andere so wie ich sich Richtung Zaun in der Nähe der Werkstätten begaben. Den Plan, von den Kapos angeführt ordentlich durch das von Ukrainern bewachte Tor zu marschieren, hatten wir offensichtlich vergessen. Später erzählte mir ein Überlebender, der heute in Israel lebt, dass er Frenzel am Tor sah, wie er auf ein Knie gestützt auf die flüchtenden Juden schoss und sie wie Grashalme niedermähte.

Wir hatten im Gestrüpp in der Nähe des Zauns Leitern deponiert und rannten Hals über Kopf zu den Leitern. Einige von uns zerrten die Leitern hoch und lehnten sie gegen den Zaun. Während wir hinaufkletterten, lastete mehr Gewicht auf dem Zaun, was den Aufstieg für die Nachkömmlinge erleichterte. Währenddessen ertönte ein Gewirr verschiedener Geräusche – Schüsse, Schreie, Brüllen und Stöhnen. Wir rannten wie verängstigte Tiere, wobei wir querfeldein dem dichten Wald entgegenliefen. Ich konnte sehen, wie einige unserer Leute sich hinknieten und den Feind beschossen. Andere fielen wie die Fliegen, als die Kugeln sie trafen, die um uns herum durch die Luft flogen. Ein Freund rief mir zu: «Kalmen, bitte rette mich, ich bin getroffen worden, ich bin getroffen!» Wer konnte aber anhalten und einem anderen helfen? Wir waren nur darauf erpicht davonzukommen, den Wald zu erreichen und der Hölle zu entkommen, die Sobibor hieß.

Nach einer scheinbaren Ewigkeit, die tatsächlich nur ein paar Minuten gedauert hatte, wurden die Bäume größer, und völlig außer Atem rannte ich kopfüber auf sie zu. Ich werde nie begreifen, woher ich die Kraft nahm, dermaßen zu rennen. Und dann – endlich – war ich unter Bäumen. Sobibor lag hinter mir.

Ich war frei.

3. DIE ZEIT NACH SOBIBOR

Nachdem ich beinahe wie ein Wahnsinniger durch den Wald gestolpert war, traf ich auf etwa 55 andere Entkommene. Ich war überglücklich, dass mein Freund Shlomo Alster ebenfalls der Hölle entronnen war. Und auch ein paar weitere Männer waren dabei, die in der Schneiderei gearbeitet hatten. Wir hatten Glück, weil unser Anführer und Architekt der Fluchtaktion, Sascha Petscherski, unserer Gruppe angehörte – und er hatte einen Kompass. Oft krochen wir in Gräben, die sich durch den Wald schlängelten, und verloren dabei die Orientierung; Sascha benutzte dann seinen Kompass, um uns in die richtige Richtung zu weisen.

Sascha schien sich etwas in der Gegend auszukennen, in der wir uns befanden. Wir anderen waren in einem hysterischen Schockzustand – wir konnten alle nicht klar denken. Sascha führte uns tage- und nächtelang. Er hatte keine Patronen mehr. Wir schlichen uns in kleine Dörfer und bettelten um Essen – egal was. Die Bauern sahen, dass wir viele waren, also rückten sie zögerlich etwas Brot heraus. Unter den Flüchtlingen waren auch ein paar Frauen. Allein hätten sie gegen die verschlagenen und listigen Bauern keine Chance gehabt, doch in Begleitung so vieler verzweifelter Männer waren sie geschützt. Die ersten Bauern, die wir bald nach unserer Flucht aufsuchten, sagten uns, dass sie gehört hätten, dass aus Sobibor entflohene Juden von deutschen Sonderkommandos aufgegriffen worden seien, also machten wir uns sofort davon, um uns weiter von Sobibor zu entfernen. Immer wenn wir auf Bauern trafen, hörten wir dieselbe traurige Geschichte – sie hatten weitere Flüchtlinge aus Sobibor gefangen. Unsere Mitflüchtlinge wurden langsam, aber sicher aufgespürt.

Es war klar, dass Sascha nervös war, weil manche von uns sich unangemessen verhielten. Seine eigenen russischen Soldaten konnten Befehle perfekt ausführen, doch einige unserer polnischen Juden waren nicht in der Lage, im Gänsemarsch zu gehen, ohne zurückzubleiben und sich zu verlaufen. Oder sie flüsterten miteinander, manchmal laut, wenn Sascha absolutes Schweigen befohlen hatte. Manche riefen sich sogar zu: «Shloime, wo bist du?»

Sascha verkündete, er würde neun «seiner» Leute mitnehmen, um Waffen, Patronen oder Essen zu kaufen. Ein Hut wurde herumgegeben, wir warfen alle Geld hinein, und bald waren Sascha und «seine» Kameraden weg. Uns Zurückgebliebene überkam die Angst. Wir hatten das Gefühl, dass etwas nicht stimmte. Doch Sascha und die anderen hatten gesagt, sie kämen zurück, also warteten wir. Und warteten. Und warteten. Niemand aus der Gruppe kehrte zu uns zurück.

Wir wurden schrecklich nervös, weil wir glaubten, dass diese Männer, allesamt erfahrene Soldaten, in eine Falle gelockt und ausgelöscht worden waren. Nach dem Krieg erfuhr ich, dass Sascha der Meinung gewesen war, dass er uns gegenüber sein Versprechen eingelöst hatte: Er hatte uns erfolgreich aus Sobibor herausgeführt. Er wollte sich rasch zur sowjetischen Frontlinie durchschlagen, und dabei belasteten wir ihn – wir waren eine Gefahr für ihn. Deshalb kam er nie zurück. (Er erreichte die sowjetische Linie und kämpfte als Rotarmist weiterhin im Krieg. Später erhielt er militärische Ehren für die Schlachten, an denen er teilgenommen hatte.)

Doch uns, die wir zurückgeblieben waren, blieb keine andere Wahl, als weiterzugehen. Also schlugen wir uns tiefer und tiefer in den Wald hinein. Wir mieden Straßen und Wege und hielten uns an dichtes Gestrüpp. Jeden Tag wurden wir weniger – die Leute zogen alleine los. Sie erkannten, dass wir nur ziellos umherirrten, also trennten sich kleine Gruppen von uns. Sie dachten, es sei besser, je weniger sie wären – in kleinen Gruppen war das Risiko geringer, aufzufallen und aufgespürt zu werden. Wir waren inzwischen nur noch 12 Männer; Shlomo Alster war immer noch bei mir. Er hatte in Sobibor als Tischler an meiner Seite gearbeitet, und jetzt waren wir noch immer zusammen.

Wir hatten nur eine Pistole, doch wir hatten alle scharfe Messer in unseren zerlumpten Hosen versteckt. Nachts gingen wir in kleine Dörfer, um Essen und Waffen zu kaufen. Zu diesen kleinen Expeditionen trugen alle etwas Geld bei, und wir machten sie immer nachts. Nachts fühlten wir uns sicherer, weil die Deutschen dann keine Suchaktionen durchführten – sie hatten Angst vor den Partisanen.

So vergingen die Tage und Nächte. Shloime und ich wurden immer trostloser und deprimierter. Wir waren von Angst getrieben, schwach vor Hunger und völlig verdreckt. Wir wuschen uns, so gut wir konnten. Da wir sehr durstig waren, tranken wir viel Wasser. Unser Durst trieb uns dazu, Risiken einzugehen, wenn wir aus Bächen und kleinen Flüssen tranken. Am ganzen Körper waren wir von Läusen gebissen worden. Nachts hatten wir nur eine Sorge: ein gutes Versteck zu finden, da der Tag bald anbrechen würde. Wir wurden etwas ruhiger, als wir in dichtes Waldgebiet stolperten.

Sobibor war nicht so weit von Chełm entfernt, und allmählich erkannte ich die Gegend, in der wir uns befanden, wieder. Ich wusste ungefähr, wo wir waren und wie es in der Umgebung aussah, deshalb stritt ich mich heftig mit den anderen Mitgliedern unserer Gruppe – sie wollten in eine bestimmte Richtung gehen, ich aber war mir sicher, dass sie so direkt nach Sobibor zurückgelangen würden. Wir wurden uns in dieser Frage nicht einig und waren alle sehr wütend.

Als die Nacht hereinbrach, machten sich einige aus der Gruppe zu einem Dorf auf, um dort um Brot zu betteln. Einer von ihnen hatte ein Gewehr, allerdings war es nicht geladen. Man gab ihnen Piroggen, kleine Teigtaschen, und ein paar Kartoffeln. In unserer 12-köpfigen Gruppe waren Shloime und ich bei Weitem die Ältesten. Die anderen waren alle 17 oder 18 Jahre alt und fühlten sich nicht wohl mit uns. Sie hatten offensichtlich das Gefühl, wir würden sie behindern. Als sie an diesem Abend mit dem Essen zurückkehrten, gaben sie Shloime und mir sehr, sehr wenig davon ab – sehr viel weniger als unseren gerechten Anteil. Nachdem wir unsere Hungermahlzeit gegessen hatten, mussten wir unser Versteck für den folgenden Tag vorbereiten. Wir mussten Zweige zerkleinern, Gebüsch roden, Löcher graben usw. – und das alles mit unseren Messern. Wir mussten Minibunker bauen und die Eingänge so tarnen, dass man auch aus zwei Metern Entfernung unser Versteck nicht erkennen konnte. Während wir gruben und Äste zerkleinerten, sah ich, wie die anderen Shloime und mir böse Blicke zuwarfen. Wir hatten Hunger, deshalb arbeiteten wir langsam. Uns fehlte die nötige Kraft, um Sträucher zu zerkleinern, Äste abzuschneiden usw. Vielleicht grenzten uns die anderen auch deswegen aus, weil Shloime generell etwas «langsam» war – er war sehr schüchtern, wirkte fast etwas zurückgeblieben. Hätten wir genug zu essen gehabt, hätten wir genug Kraft gehabt, um Sträucher zu zerkleinern, Äste abzuschneiden usw. Deshalb beschloss ich, unsere Mitflüchtlinge direkt und ehrlich darauf anzusprechen. Ich sagte ihnen, dass sie sich nicht richtig verhielten. Alle sollten fair miteinander teilen. Es war nicht richtig, dass sie aßen, bis sie satt waren, uns dagegen winzige Rationen zuteilten und dann von uns erwarteten, dass wir wie die Tiere arbeiteten und Verstecke ausgruben usw. – das war einfach ungerecht. Ich sagte ihnen: «Wenn ich satt bin, kann ich wie ein Pferd schuften – ich habe mein ganzes Leben lang schwer gearbeitet, aber mit dem, was ihr uns gebt, bringe ich einfach nicht genug Kraft auf.» Und dann kamen mir die Tränen, als ich sie so anflehte. Ich sagte ihnen, dass sie zwar jünger als ich seien, doch ich würde sie verlassen. «In Sobibor haben wir täglich gemeinsam dem Tod ins Auge gesehen», sagte ich, «und nun, da wir frei sind, wie kann man sich so verhalten?» Ich sagte ihnen, sie seien Tiere, keine Menschen, und ich weinte. Ich sagte ihnen, wenn sie sich so verhielten, würden sie nicht überleben.

So redete ich ein paar Tage lang mit ihnen, nicht nur einmal. Und ich sagte ihnen, man würde sie schließlich wegen ihrer Gier fassen, weil sie deswegen so viele Risiken eingingen. Sie gingen regelmäßig in die Dörfer und holten sich dort Whiskey, Schnaps und andere hochprozentige Getränke. Ich wusste instinktiv, dass, ganz abgesehen davon, wie sie Shloime und mich behandelten, ich früher oder später erledigt wäre, wenn ich bei ihnen bliebe. Sie waren allerdings nicht alle schlecht. Ich erinnere mich an einen, er hieß Kratke, der nur Brot aß und Wasser trank. Er war sehr fromm – vielleicht war er ein Rabbi gewesen. Er rührte kein Fleisch an und mied auch Suppen, weil er nicht wusste, was drin war.

Ich weinte oft in jener Zeit. Ich sagte unseren Mitflüchtlingen, sie seien Ignoranten und Dummköpfe. Im Herzen wusste ich, dass es früher oder später ein böses Ende mit ihnen nehmen würde, und das bestärkte mich in meinem Entschluss, sie zu verlassen. Ich hatte genug. Ich bot Shloime an, mit mir zu kommen. Ich sagte zu ihm: «Shloime, komm mit mir! Wir können doch nicht länger bei diesen Tölpeln bleiben. Wir haben zwar kein Zuhause mehr, zu dem wir zurückkehren könnten, aber es ist ausgeschlossen, bei solchen Menschen zu bleiben. Das ist Selbstmord. Ich will dir nicht vorschreiben, was du tun sollst, Shloime. Vielleicht finden sie uns … vielleicht verhungern wir. Aber bei diesen Dummköpfen zu bleiben ist Selbstmord. Wenn du mitkommen willst, Shloime, ich nehme dich mit. Es liegt an dir.» Shloime sagte mir, er wolle nicht mit mir kommen. Einer der jungen Männer drohte mir, mich für das, was ich sagte, zu erschießen. Er sagte, ich würde allen Angst machen. Ich sagte ihm: «Ich habe keine Mutter, keinen Vater, keine Frau und keine Kinder mehr. Mein Zuhause ist weg. Also mach schon – erschieß mich, wenn du willst. Es schert mich einen Scheißdreck!»

Ich verabschiedete mich von allen und bot Shloime noch einmal an, mit mir zu kommen. Als sie sahen, dass ich es wirklich ernst meinte und nicht nur daherredete, besprachen sie sich untereinander und überreichten mir ein Abschiedsgeschenk – ein zwei Kilo schweres Brot. Dieses Brot machte mir Mut. Ich würde einen positiven Start haben. Es war so, als hätte mir jemand einen großen Diamanten geschenkt. Unabhängig davon, was vorgefallen war, gab ich jedem die Hand, wünschte ihnen Glück und machte mich auf den Weg.

Nach fünf Minuten hörte ich ein Geräusch hinter mir. Ich drehte mich um und erblickte Shloime, der durch das Unterholz auf mich stürzte. Er hatte es sich doch anders überlegt! Wir umarmten uns und hielten uns fest, wobei wir die ganze Zeit weinten und schluchzten. Wir irrten in absoluter Dunkelheit umher. Wir mussten aufpassen, nicht in ein Loch oder einen Graben zu stolpern. Die Stimmen unserer Mitflüchtlinge klangen irgendwann immer weiter weg, während wir in einen großen Wald eintauchten.

Ich hatte vor, nach Chełm zurückzukehren, wo ich so gut wie jeden Quadratmeter Land kannte. Dort wären wir in unserer vertrauten Heimat. Also bewegten wir uns weiter vorwärts, bis wir am Waldrand ein Häuschen entdeckten. Es war noch immer Nacht, deshalb näherten wir uns dem Haus, klopften ans Fenster und fragten, wie weit es bis Sobibor sei. Wir wollten nicht versehentlich im Kreis laufen und wieder in Sobibor landen. Wir wollten uns so weit wie möglich von diesem Höllenort entfernen. Ein Mann kam ans Fenster; das war gut – er war einer, wir waren zu zweit. Und wir hatten schließlich sehr scharfe Messer bei uns. Shloime und ich waren nicht gerade «zarte» Wesen – wir hatten unser Leben lang korperlich gearbeitet, daher waren wir recht kräftig, trotz all dem, was wir durchgemacht hatten. Der Mann am Fenster war ein Ukrainer, obwohl er Russisch mit uns sprach. Er sagte, er würde uns zeigen, wo wir uns befänden – wir sollten durch die Tür hereinkommen. Er würde uns aufmachen. Er war so freundlich, so herzlich, so umgänglich. Doch einer von uns bemerkte, dass er hinter seinem Rücken eine Axt verbarg. Statt hereinzukommen machten wir uns also aus dem Staub.

Shloime rannte schneller, als ich es konnte – er flog geradezu. Doch im Laufen stürzte er in eine Lacke mit eiskaltem Wasser. Ich zog ihn heraus. Er zitterte am ganzen Leib und hörte nicht auf zu zittern –

die Nacht war sehr kalt. Ich war warm angezogen; ich hatte mir am Tag des Aufstands drei Lagen übergezogen, da ich mir dachte, warme Kleidung könnte äußerst nützlich sein. Einige unserer Mitflüchtenden hatten kleine Bündel mit Kleidern und Pelzen geschnürt, die sie beim Aufstand mitschleppten, doch die Bündel waren ihnen letztendlich im Weg und die meisten kamen nicht aus Sobibor heraus. Vielleicht gaben sie mit ihrem Ballast gute Zielscheiben für die deutschen und ukrainischen Soldaten ab. Zuoberst trug ich einen Regenmantel, den ich abnahm und Shloime umlegte. Seine eigenen Kleider waren vollkommen durchnässt. Wir ruhten uns etwas aus und machten uns dann wieder auf den Weg. Die ganze Nacht hindurch marschierten wir in Richtung Sawin, eines in der Nähe von Chełm gelegenen Dorfes, wo wir in der Zeit vor dem Krieg Waren auf dem Markt verkauft hatten. Von dort würden wir leicht nach Chełm gelangen, weil wir alle Straßen kannten.

Wir näherten uns erneut einem Haus. Inzwischen hatten die Hähne angefangen zu krähen, was bedeutete, dass der Tag bald anbrechen würde. In diesem Haus lebte ein alter Mann. Als wir ihn fragten, wie viele Kilometer es noch nach Sawin seien, bekreuzigte er sich und sagte, es seien acht bis dorthin. Er hatte Angst, genau wie wir auch, weil die Hunde laut zu bellen begonnen hatten. Wir marschierten weiter, und als es hell wurde, tauchten wir in dichtes Waldgebiet ein. Bei Tage konnten wir erkennen, wie die Hasen durchs Unterholz sprangen, wenn wir uns ihnen näherten. Wir hielten uns von den Waldwegen fern; oft mussten wir uns einen Weg durchs Gestrüpp bahnen. Vom Dickicht aus, das in einiger Entfernung von der Straße lag, konnten wir sehen, wie viele deutsche Soldaten an uns vorbeimarschierten. Sie feuerten mit ihren Gewehren in die Luft; das schienen sie üblicherweise zu machen, wenn sie sich durch Waldgebiet bewegten. Vielleicht waren die Schüsse eigentlich dazu gedacht, die Partisanen abzuschrecken, doch sie jagten Shloime und mir eine Höllenangst ein. Die deutschen Soldaten entfernten sich jedoch bald immer weiter von uns beiden.

Als es endlich Nacht wurde, trafen wir einen Bauern, der mit einem Pferdewagen unterwegs war, und fragten ihn, wie weit es nach Sawin sei. Er sagte uns, es seien noch fünf Kilometer. Als er nach Sawin kam, muss er uns sofort bei den deutschen Behörden oder beim «Sołtys»

(Dorfvorsteher) gemeldet haben. Shloime und ich saßen im Wald und ruhten uns aus, als wir plötzlich Schüsse hörten. Wir gerieten beide in Panik. Shloime blieb wie angewurzelt an einem Baum stehen, während ich die Beine in die Hand nahm. Das war das letzte Mal, dass ich Shloime vor Ende des Krieges sah. Nun war ich völlig auf mich allein gestellt. Als ich wie ein Wahnsinniger davonraste, merkte ich, wie mir die Beine wegknickten und mir schwarz vor Augen wurde.

In einem Graben im Wald kam ich wieder zu mir. Ich wusste nicht mehr, wer ich war oder wo ich mich befand. Ich wusste nicht, wie lange ich in dem Graben gelegen hatte. Mich hatten die Schüsse buchstäblich verrückt vor Angst gemacht. Ich hatte den Verstand verloren. Als mein Bewusstsein langsam zurückkehrte und ich mich an alles erinnerte, fing ich an zu weinen; es war ein krampfartiges, lautes Weinen. Nun war ich ganz allein auf der Welt, hatte nichts und niemanden. Ich richtete mich auf und sah mir an, was aus mir geworden war. Was sollte ich jetzt tun?

Das Brot war weg – vielleicht hatte ich es verloren, als ich wie ein Verrückter durch den Wald gerannt war. Ich hatte großen Hunger. Ich stolperte in ein großes Feld, wo reihenweise Kohl geerntet worden war. Ich zückte mein scharfes Messer und schnitt ein paar Stängel ab, die ich an Ort und Stelle vertilgte – sie waren köstlich –, und stopfte mir noch ein paar in die Taschen. Ich war jedoch noch immer sehr durstig. Ich lief weiter über Land und bewegte mich immer in Richtung Chełm. Zufällig traf ich auf einen Brunnen, an dem ich meinen Durst löschen konnte.

Am nächsten Tag kam ich in ein kleines Waldstück. Dort grub ich mir im Dickicht ein Versteck. Ich zog meinen Mantel aus und verwendete ihn als Decke; ich zog ihn mir über den Kopf und hielt mich mit meinem Atem warm. Nach ein paar Tagen in diesem Versteck setzte ich mich wieder in Bewegung und eines Abends sah ich in der Entfernung die Lichter von Chełm. Ich hatte einen weiten Weg zurückgelegt und dabei alle Straßen und Wege gemieden. Um nach Chełm zu gelangen, musste ich nun die Bahngleise überqueren, und diese wurden bewacht. Ich schlich hinüber, wobei mein Herz so laut wie ein Wecker zu pochen schien. Die zuvor erwähnte Nervenheilanstalt befand sich ganz in der Nähe, und dort waren viele Deutsche untergebracht.

Es war spät in der Nacht, als ich in meinem geliebten Chełm eintraf. Ich hatte einen guten Geschäftsfreund, einen Ukrainer, dem ich einen Großteil meiner Waren zur sicheren Aufbewahrung übergeben hatte. Er wohnte in der Palästina-Straße. Es war Ende Oktober 1943, als ich, erschöpft und verzweifelt, bei ihm anklopfte. Als er die Tür öffnete, begrüßte ich ihn und bat ihn um ein Stück Brot. Er sah mich böse an und rief: «Du Abschaum, wenn du nicht sofort verschwindest, rufe ich die Gestapo, um dich abholen zu lassen!» Als ich das hörte, lief ich davon. In der Nähe seines Hauses gab es Felder voller Gruben, wo man Torf gestochen hatte. In diesen Gruben stand unten das Wasser, und ich kletterte in eine tiefe Grube und versteckte mich dort.

In der Nähe befand sich ein kleines Waldstück, das ich noch gut aus meiner Kindheit kannte. Wir waren damals in Gruppen von Jungen und Mädchen dort hingegangen, um Heidelbeeren zu sammeln. Der Wald war nicht weit vom Rinderschlachthof von Chełm entfernt. An diesem Schlachthof, der jetzt für die Ermordung von Juden verwendet wurde, musste ich vorbei, um zu dem Waldstückchen zu gelangen. Aus der Entfernung sah ich deutsche Wachen, die zehn bis fünfzehn Meter in die eine Richtung gingen und dann umkehrten und wieder zurückgingen. Ich musste mich an mehreren Wachsoldaten vorbeischleichen. Ich hatte einen einzigen Vorteil – ich kannte jeden Quadratmeter dieser Gegend. Endlich, als der Tag schon fast anbrach, konnte ich in den Wald entwischen.

Ich kroch in eine Höhle und grub mir ein Versteck, in dem ich mich ausruhte. Es gab dort kleine Mäuse, die auf mir herumliefen. Sie hatten überhaupt keine Angst vor Menschen; es war beinahe so, als wüssten sie, wie wehrlos ich war. Ich verbrachte den ganzen Tag dort, von Durst geplagt. Als die Nacht hereinbrach, verließ ich mein Versteck und machte mich auf den Weg in ein kleines Dorf namens Stołpie, das nicht weit entfernt lag. Dort angekommen, ging ich zu einem Brunnen und trank so lange daraus, bis ich nahe am Platzen war. Zwei Bauern kamen zu dem Brunnen, füllten ein paar Behälter mit Wasser und betrachteten mich mit kalten Blicken. Ich hatte einen Bekannten in Stołpie – einen alten Mann, der dort mit seiner Frau lebte. Seine Familie war schon lange vor dem Krieg zum Katholizismus übergetreten. Vor Kriegsbeginn hatte ich ein paar Tischleraufträge für ihn erledigt. Ich klopfte an seine Tür, und als er sie öffnete und mich sah, bekreuzigte er sich ängstlich. «Matka boska, matka boska!» (heilige Mutter Gottes!), rief er immer wieder aus. Ich sagte ihm, dass ich für ihn gearbeitet hatte, und er konnte sich gut an mich erinnern. Mit zitternder, verängstigter Stimme erzählte er mir, dass die Deutschen jeden Tag nach Stołpie gekommen waren und die Juden mitgenommen hatten, um sie umzubringen. Er erwähnte einen, den ich kannte – Itche Trabiners –, den sie an Ort und Stelle umgebracht hatten. Er erzählte mir, wenn sie herausfanden, dass ein Christ einen Juden bei sich versteckte, sie dessen Haus niederbrannten. Er kniete sich vor mich hin und flehte mich an, woanders hinzugehen. Doch er gab mir ein großes Stück Brot und einen Becher Milch. Mir wurde bewusst, dass Stołpie ein gefährlicher Ort für mich war, weil inzwischen nur noch Ukrainer dort lebten. Die Juden waren alle umgebracht worden. Ich würde auffallen wie ein bunter Hund. Also aß ich mich satt und sagte dem alten Mann «dobranoc» (gute Nacht); er wünschte mir voller Erleichterung ebenfalls «dobranoc», und ich machte mich davon.

Ich gelangte in ein anderes Wäldchen, wo ich mir ein neues Versteck grub. Ich verwendete Zweige, um es zu tarnen, und bedeckte die Zweige mit Erdklumpen und Blättern. Um ganz sicher zu gehen, konstruierte ich noch einen Fluchtausgang. Sobald der Morgen graute, kroch ich in mein Versteck. Häufig tauchten junge Hirten in meiner Nähe auf. Manchmal kamen sie paarweise – einer hütete etwa zwanzig Kühe, während der andere etwas weiter entfernt dasselbe tat. Hätte sich ein Hirte mit mir angelegt, ich wäre bereit gewesen, ihn zu erledigen. Ich hatte eine große Keule und mein scharfes Messer. Abgesehen davon waren sie allesamt junge Bürschchen, und ich war ziemlich stark und sehr, sehr verzweifelt. Ich hatte ein großes Problem – meine Gedanken. Ich konnte meine Gedanken nicht im Zaum halten und verbrachte viele Stunden in meinem Versteck in der Erinnerung an das Leben, das ich vor dem Krieg gehabt hatte. Die Gesichter meiner Lieben, die nun fort waren, blitzen Hunderte Male vor meinem inneren Auge auf, und ihre Stimmen hallten ständig in meinem Kopf wider. Wie oft hörte ich das glückliche «Papa, Papa» meines Sohnes?

Ich konnte nicht länger in meinem Versteck bleiben, weil die Bauern zum Holzfällen in den Wald kamen. Sie sahen ziemlich rau aus, und früher oder später hätten sie mich gefunden. Ich machte mich auf den Weg zu einem kleinen Dorf, wo ich zu Kriegsbeginn Möbel getischlert hatte. Ich näherte mich dem Haus, in dem ich gearbeitet hatte. Zunächst überprüfte ich es genau, um sicherzugehen, dass keine Fremden im Haus oder in der Nähe waren. Ich klopfte an die Fensterscheibe, und das Familienoberhaupt kam heraus. Er erkannte mich nicht, doch er zitterte vor Angst. Ich sprach leise mit ihm und erinnerte ihn daran, dass ich Tische und Betten für ihn gezimmert hatte. Während ich sprach, sah er sich dauernd nervös um; er hatte panische Angst davor, dass ihn ein Deutscher dabei erwischen könnte, wie er mit einem flüchtigen Juden sprach, und sein Haus niederbrennen würde. Er war ein anständiger Mann – er nahm mich mit ins Haus, bot mir einen Platz an und gab mir ein Stück Brot und einen Becher Milch. Ich erzählte ihm, was ich alles durchgemacht hatte – was Sobibor wirklich war, dass wir revoltiert hatten usw. Ich dankte ihm von Herzen, doch er sagte mir, ich solle nie wieder zu ihm kommen. Er sagte, dass in der Gegend viele entflohene Juden gefasst worden waren, und er Angst habe, in die Sache hineingezogen zu werden.

Ich lief überall herum, um die Zeit totzuschlagen. Ich kannte mich in der Gegend aus und grub mir überall Verstecke. Ich ging immer wieder in ein kleines Dorf, wo ich Fenster gemacht hatte. Da ich wochenlang dort gearbeitet hatte, bellten die Hunde nicht, wenn sie mich sahen – sie kamen zu mir, leckten mir die Hand und winselten vertraut, weil sie mich wiedererkannten. Selbst für diese kleine liebevolle Geste der Tiere war ich dankbar, zumal Hunde normalerweise meine Feinde waren. Der Bauer, für den ich damals die Fenster angefertigt hatte, schickte mich nicht fort. Er ließ mich in seine Scheune und fragte mich, was ich wollte. Ich bat ihn um Brot und Wasser. Er sagt, er habe kein Brot, doch er würde mir Trinkwasser geben. Und er bot mir gekochte Kartoffelschalen an, mit denen er seine Schweine fütterte. Er hatte genug Brot, wollte mir aber nichts davon geben. Also trank ich sein Wasser und kaute auf den Kartoffelschalen herum, dankbar für jeden Brosamen. Ich fürchtete, dass er mich beim Sołtys verpfeifen würde, denn das wäre mein Ende. Man würde mich festnehmen und schadenfroh den Deutschen übergeben, und diese würden mich auf der Stelle erschießen. Man darf nicht vergessen, dass die Polen dafür belohnt wurden, Juden einzufangen und den Deutschen zu übergeben. Instinktiv wusste ich, dass ich diesem Bauern nicht trauen konnte – wahrscheinlich hatte er vor, die Behörden zu alarmieren, sobald ich fort war. Also stürzte ich mich in einen riesigen Heuhaufen – er war größer als ein einstöckiges Haus – und grub mich tief hinein. Wenn man den Heuhaufen von außen betrachtete, wäre man nie auf die Idee gekommen, dass sich ein Mensch darin verbarg. Ich blieb mehrere Tage in dem Heuhaufen und kroch jede Nacht heraus, um nach etwas Essbarem zu suchen. In den Feldern fand ich immer wieder Kohlstängel oder auch hin und wieder ein Blatt. Nach ein paar Tagen fand ich eine leere Flasche, die ich immer wieder mit Trinkwasser füllte, und das machte meine Situation etwas erträglicher.

In dem Heuhaufen konnte ich nicht ewig bleiben, also machte ich mich wieder auf den Weg und kam in ein Dorf, das ich überhaupt nicht kannte. Ich kannte dort keine Menschenseele. Ich war auf der Suche nach einer Essensgabe, mit der ich wieder zwei oder drei Tage auskommen würde. Die Hunde fingen schon zu bellen an, als ich noch ziemlich weit weg war. Mir wurde angst und bange. Ein bösartiger Hund griff mich sogar an, doch ich war nie ohne meinen Knüppel unterwegs. Damit wehrte ich den Hund ab, schlug und verfluchte das Tier. Wen griff er hier schon an? Einen ausgelaugten, kaputten Juden, der alles in seinem Leben verloren hatte. Ich sah den Hund vorwurfsvoll an – auch er hatte sich auf die Seite meiner Peiniger geschlagen, jener, die es nicht ertragen konnten, dass auch nur ein Jude noch am Leben war.

Vor dem Krieg hatten in diesem Dorf viele Juden gelebt. Das erkannte ich an den vielen zerstörten und ausgehöhlten Häusern, die über das Dorf verteilt lagen. Diese Häuser waren von «Pflückern» auseinandergenommen worden – jenen Bauern, die auf der Suche nach Gold, Schmuck, Silber usw. waren. Ich versteckte mich in den Ruinen eines der zerstörten Häuser und schleppte mich nachts auf der Suche nach etwas Essbarem durchs Dorf. Niemand kam jemals in die Nähe dieser Ruinen, weil sie so gründlich geplündert worden waren. In der Ruine, in der ich mich befand, lagen überall menschliche Exkremente; ich wusste nicht, ob sie von Juden stammten, die sich dort versteckt hatten, oder von Passanten, die den Ort benutzt hatten, um sich zu erleichtern. Vielleicht hatten sich auch die Plünderer oder «Pflücker» an Ort und Stelle erleichtert, während sie nach wertvollen Gegenständen suchten. Der Gestank brachte für mich jedoch letztlich den Vorteil, dass sich die Leute von einem solchen stinkenden Ort fernhielten.

Ohnehin hatte man das Dorf für «judenrein» erklärt, deshalb würde niemand dort nach Juden suchen. Juden waren offiziell ausgerottet.

Ich blieb viele Tage dort und füllte jede Nacht meine Wasserflasche aus den Brunnen. Die Bauern verschwanden nachts. Sie hatten Angst vor den Deutschen, aber noch mehr fürchteten sie die unterschiedlichen Partisanengruppen, oder die Diebe, die in der Gegend lauerten. Deshalb bemerkte mich keiner, wenn ich nachts unterwegs war, um Wasser zu holen. Das Landvolk und die Bauern blieben nachts in ihren Häusern, denn wenn man im Dunkeln einem anderen begegnete, ging man immer davon aus, dass es sich um einen Feind handelte, den man töten musste. Während einer meiner nächtlichen Wasserexpeditionen hatte ich Glück: Hinter einem Haus entdeckte ich einen ganzen Sack Zwiebeln. Voller Freude und vor Angst zitternd hievte ich den schweren Sack auf meine Schulter und schleppte mich zurück in mein Versteck in dem zerfallenen jüdischen Haus. Tagelang ließ ich mir die Zwiebeln schmecken und freute mich daran. Ich genoss jeden Bissen. Der Sack war für mich ein wahrer Schatz. Bis heute sind Zwiebeln etwas Besonderes für mich, weil ich mich daran erinnere, wie sehr ich sie damals in dieser schlimmen Zeit schätzte.

Als die Zwiebeln zu Ende waren, erinnerte ich mich daran, dass ich in einem anderen Dorf für eine Frau gearbeitet hatte, die zwei Söhne hatte, der eine zehn, der andere zwölf Jahre alt. Ich hatte Fenster und kleine Möbelstücke für sie angefertigt. Ich packte meine wenigen Habseligkeiten (die Wasserflasche usw.) zusammen und wanderte zu dem Dorf. Ich kam an ihr Haus und klopfte an die Tür. Angst hatte ich nicht, weil sie keinen Mann hatte. Als sie die Tür öffnete und mich erblickte, brach sie in Tränen aus. Ich muss einen ziemlich schlimmen Anblick geboten haben – verdreckt, abgemagert und verwahrlost. Ich bat sie um Brot und fing ebenfalls an zu weinen. Ihre Söhne weinten auch. Sie murmelte: «Jezus, Jezus!» Sie murmelte so laut, dass ich fürchtete, die Nachbarn könnten sie hören. Als sie versuchte, mich von der Tür wegzuschieben, zeigte ich auf die Sachen, die ich gemacht hatte, und erinnerte sie: «Hast du vergessen, dass ich für dich gearbeitet habe? Ich bin's, der Tischler. Bitte gib mir etwas Brot – ich verhungere!» Ich bot ihr an, für sie zu arbeiten, doch sie wollte nichts davon hören. Sie weinte, ihre Söhne weinten, und ich ebenfalls. Es war völlig dunkel um uns herum – stockdunkel. Sie hatte furchtbare

Angst und fing an zu schreien: «Diabeł, diabeł, diabeł! Jezus, Jezus!» Sie glaubte, ich sei der Teufel. Der Ort war schon lange «judenrein», deshalb hatte sie nicht damit gerechnet, einen lebendigen Juden zu sehen. Sie glaubte nicht, dass es überhaupt noch Juden gäbe, deshalb wurde sie etwas hysterisch. Dieser Zustand schien ihr plötzlich übermenschliche Kräfte zu verleihen, und sie stieß mich hinaus, ohne mir etwas zu geben. Dieses Dorf machte mir große Angst, und ich machte mich schnellstens aus dem Staub. Ich hatte Angst, dass sie in ihrer Panik zum Sołtys rennen würde, der die Befugnis hatte, Juden festzunehmen und den Deutschen zu übergeben. Ich verstand nicht, warum die Frau so reagiert hatte. Als ich für sie gearbeitet hatte, hatte sie mir große Stücke köstlichen Brotes und Kuchen gegeben, und nun war ihre einzige Reaktion auf mich ein hysterisches Schreien von «Diabeł, diabeł!» und «Jezus, Jezus!» Ich verstand es nicht.

So setzte ich meine Wanderung von Dorf zu Dorf fort – von Terenin nach Podubje, von Podubje nach Elisev, von Elisev nach Benjanczu und von dort nach Teresanke. Ich klopfte an das Fenster eines Hauses, wo ich einst für eine Frau Betten und Tische gefertigt hatte. Als die Frau ans Fenster kam, erkannte sie mich sofort. Sie hatte keinen Mann, war jedoch relativ wohlhabend. Ich erinnerte mich, dass sie deutlich hinkte. Die Frau ließ mich nicht ins Haus, doch sie drückte mir ein großes Stück Brot in die Hände. Ich nahm das Brot wie den kostbarsten Schatz an mich. Ich hatte dort lange Zeit an den Tischen und Betten gearbeitet, deshalb kannte mich der Hund. Obwohl die Frau mir gesagt hatte, ich solle sofort wieder gehen, war ich zu erschöpft, um ihre Anweisung zu befolgen. Ich versteckte mich in ihrer Scheune, wo das Heu so hoch wie ein Haus aufgetürmt war. Ich vergrub mich so tief darin, bis es nicht mehr weiterging. Es war ein alter Heuhaufen, sodass das Heu dicht und ineinander verwoben war – ein hervorragendes Versteck. Wenn jemand käme, um Heu zu holen, würde er es vom unteren Teil des Heuhaufens direkt vor ihm nehmen und nicht vom hinteren Teil, daher würde man mich nicht bemerken.

Jede Nacht grub ich mir einen Tunnel aus dem Heuhaufen heraus und schlich in den Keller der Frau. Dort fand ich Äpfel und etwas Gemüse, das für den Winter eingelagert worden war. Ich aß, was immer mir essbar erschien, und ich hatte damals das Gefühl, einen verborgenen Schatz gefunden zu haben. Mit den Äpfeln aß ich immer nur ein ganz wenig Brot, weil ich mir das große Stück Brot, das mir die Frau gegeben hatte, einteilen wollte. Ich hatte damals eine unbändige Willenskraft, eine Willenskraft, die auf Verzweiflung gründete, und ich streckte das Stück Brot, damit es so lange wie möglich halten würde. Damals dachte ich, ich hätte das Paradies gefunden. Ich glaubte, diese Existenz sei die neue Lebensform, zumindest für Juden.

Einmal schneite es stark. Wie immer schlich ich mich in den Keller, um etwas zu essen zu stehlen. Der Sohn der Frau entdeckte meine Fußspuren im Schnee; er folgte ihnen und fand mich. Er packte mich grob am Arm. Ich flehte ihn an, mich gehen zu lassen. Ich erinnerte ihn daran, dass ich es gewesen war, der das Bett gezimmert hatte, in dem er schlief. Ich erinnerte ihn auch daran, wie gut wir uns verstanden hatten, als ich bei ihnen gearbeitet hatte. Mein Flehen tat offenbar seine Wirkung. Er ließ meinen Arm los, stieß mich weg und nahm mir das Versprechen ab, nie wieder zurückzukehren. Er fürchtete, die Nachbarn würden mich ums Haus herumschleichen sehen und uns verraten, und dann würden die Deutschen das gesamte Haus niederbrennen. Seine Ängste gründeten sich nicht auf bloßen Vermutungen – das war die übliche Praxis der Deutschen. Sie sperrten die Menschen in ihre Häuser und brannten sie nieder. In völliger Panik stürzte ich davon. Ich hatte Angst, er würde es sich anders überlegen oder den Sołtys informieren.

Ich rannte geradewegs zum Wald und stürzte mich hinein. Ich baute mir ein Versteck tief im dichten Wald. Mit meinem Messer grub ich ein Loch und deckte es mit dicken Ästen ab. Meine Grube wäre selbst für jemanden, der dicht daneben stand, nicht zu erkennen gewesen. In der Nacht machte ich wieder meine Streifzüge auf der Suche nach etwas Essbarem. Inzwischen wurde es von Tag zu Tag kälter. Ich schlich mich in Keller, um dort nach Karotten, Kartoffeln oder Ähnlichem zu suchen. Ich war ständig in äußerster Gefahr. Die Hunde bereiteten mir Kummer, doch ich entwickelte eine Strategie, um mit ihnen fertigzuwerden. Ich tat so, als würde ich den jeweiligen Hund mit Steinen bewerfen wollen, und schnitt dabei schreckliche, furchterregende Grimassen. Dieses unerwartete Verhalten brachte die Hunde aus dem Konzept, und sie ließen mich in Frieden.

Ich hatte immer schrecklichen Hunger. Manchmal hörte ich in der Nähe meiner Grube Geräusche – Bewegungen, Stimmen usw. – und dann konnte ich mein Versteck mehrere Tage lang nicht verlassen. Dadurch wurde mein Hunger noch schlimmer. Und Angst machte mir das ebenfalls: Was wäre, wenn ich so schwach würde, dass ich nicht mehr die Kraft hätte, aus meinem Loch zu kriechen und nach Essen zu suchen? Die Geräusche, die ich hörte, kamen von den Hirten. Ich trug gute Schuhe, doch meine Füße wurden immer schrecklich kalt. Wenn ich die Schuhe in meinem Versteck anbehalten hätte, wären mir die Füße abgefroren. Also rollte ich mich in meiner Höhle zusammen, zog die Schuhe aus und setzte mich so hin, dass ich meine Füße massieren konnte, damit sie gut durchblutet wurden. Eine Tatsache hatte mich die Erfahrung gelehrt: Ohne meine Füße wäre ich erledigt. Das furchtbare Leben, das ich führte, war ein schneller und gnadenloser Lehrmeister.

Als ich einmal in meinem Versteck saß, hörte ich laute ukrainische Stimmen. Sie sagten: «Zlatke ivraitschik» – findet den Juden und erschießt ihn an Ort und Stelle. Ich spähte durch ein winziges Loch hinaus und konnte vier ukrainische Männer mit Gewehren sehen. Sie trugen schwere Winterkleidung. Ich hörte, wie einer von ihnen sagte: «Wenn wir die Juden finden, werden wir kurzen Prozess mit ihnen machen!» In irgendeinem Dorf hatte man mich wohl gesehen. Die vier Männer gingen davon aus, dass sich viele Juden hier versteckten. Danach suchten sie – nach einer Gruppe von Juden, einer Familie. Für sie war dies ein gewöhnlicher Zeitvertreib: unschuldige flüchtige Juden zu jagen und umzubringen. Viele Juden sahen, was auf sie zukam, und flüchteten in die Wälder. Alle paar Tage fand man die eine oder andere Familie und tötete sie. Sobald ein Jude in einem Dorf gesichtet wurde, wusste man in allen umliegenden Dörfern Bescheid. Es war wie ein unsichtbares Kommunikationssystem – Nachrichten verbreiteten sich wie ein Lauffeuer. In einem Dorf hatte ich viel von einem «Sobibóru» gehört, der in der Gegend unterwegs sei, also war ich offensichtlich kein Geheimnis mehr. Für die blutrünstigen Jäger unschuldiger Menschen war ich Freiwild. Ich war schon bereit, die Arme zu heben und mich den vier Ukrainern zu ergeben, doch irgendetwas hielt mich zurück. Ich hatte Angst zu atmen. Nach einer Zeit, die mir wie eine Ewigkeit erschien, zogen die vier Männer ab. Ich hatte Glück gehabt.

Derweil wurde es ständig kälter. Ich hielt immer wieder nach Partisanen Ausschau, konnte sie aber nicht finden. Einmal hatte ich das

Glück, in ein Dorf zu gelangen, in dem Baptisten lebten. Sie glaubten an die Unantastbarkeit menschlichen Lebens und würden ihre Mitmenschen niemals umbringen. Sie gaben mir zu essen und sprachen freundlich mit mir. Ein Baptist rasierte mich sogar. Die Rasur gab mir das Gefühl zurück, ein Mensch zu sein. Ich wusste weder den Wochentag noch welchen Monat wir hatten – nichts. Ich hatte kaum noch eine menschliche Identität, und mit der Rasur fühlte ich mich wieder wie ein Mensch.

Inzwischen beschäftigte mich nur noch ein Gedanke: die Partisanen zu finden. Ein Mann allein war nichts – ein Jude allein war noch weniger als das – doch mit einer Partisanengruppe hatte man wenigstens eine fünfzigprozentige Chance. Oder eine fünfundzwanzigprozentige. So oder so wäre das Leben als Partisan eine immense Verbesserung gegenüber meiner aktuellen hoffnungslosen Situation. Und nun war es auch schon bitterkalt. Nach langem Bitten und Betteln nahm mich der Sohn von einem der Baptisten beiseite und flüsterte mir zu, er wisse von einer Gruppe Partisanen, die in einem nahe gelegenen Wald, dem Bończa-Wald, aktiv sei. Ich fragte ihn, wie ich mit ihnen in Kontakt treten könnte. Inzwischen schienen die Bauern mehr mit den Partisanen zu tun zu haben, weil sich im Wald Banditen aufhielten. Jeder Bauer musste jederzeit Eier, Butter, Kartoffeln und Sauermilch für sie bereithalten, sogar wenn er selbst am Verhungern war. Waren diese Lebensmittel nicht da, wenn sie eintrafen, wurden die Bauern sofort getötet. Der junge Mann erzählte mir, der Anführer der Partisanen lebe in einem bestimmten Haus, das ungewöhnlich aussehe. Er erklärte mir ungefähr, wo ich es finden würde.

Die ganze folgende Nacht streifte ich auf der Suche nach diesem Haus umher. Draußen war es sehr kalt, aber schließlich fand ich es. Ich klopfte an die Tür, und eine hochgewachsene, gut gekleidete Frau öffnete. Ich fragte nach dem Mann, den ich suchte. Ich erklärte ihr, dass ich aus Sobibor entkommen war und schon lange nach den Partisanen suchte. Sie sagte mir, ich hätte Pech. Zwei Tage zuvor habe es eine große Razzia der Deutschen gegen die Partisanen gegeben, und sie hätten denen, die sie gefasst hätten, die Augen ausgestochen. Ihrem Mann sei es gelungen, ihnen zu entwischen, doch sie wisse nicht, wo er sei. Als ich vom Ausstechen der Augen hörte, zitterte ich vor Angst. Sie sagte mir, ich täte am besten daran, mich so schnell wie möglich von dem Haus und der Gegend zu entfernen. Als ich das hörte, rannte ich wie verrückt. Woher ich die Kraft nahm, weiß ich nicht.

Ich hatte ständig Hunger und Durst. Ich erinnere mich, wie ich in ein Dorf namens «Majdanek» kam (das nichts mit dem Ort des berüchtigten Vernichtungslagers zu tun hatte). Es lag Schnee auf dem Boden, also stopfte ich mir etwas davon in den Mund und lutschte die schmelzenden Klumpen. Dann ging ich von Haus zu Haus und bettelte um Brot. Bei dem einen schlugen sie mir die Tür vor der Nase zu, bei einem anderen verfluchten und bespuckten sie mich, beim dritten sagten sie auf Polnisch, sie hätten kein Brot. Als ich beim vierten Haus anklopfte, sah ich einen jungen Ukrainer zur Tür kommen. Er wirkte bedrohlich und kochte vor Wut. Er fragte mich nach meinen Papieren, und ich sagte, ich habe keine. Da packte er mich fest am Arm – er war sehr stark –, und ich konnte mich nicht von ihm befreien. Auf Ukrainisch grummelte er mir zu: «Ich bringe dich zum Sołtys. Er wird dir die Behandlung zukommen lassen, die du dreckiger Jude verdient hast!» Er rief seinem Sohn zu, er solle ihm ein Seil bringen. Und als der Sohn mit dem Seil herankam, sagte er zu ihm: «Morgen wird dieser Judenhund erschossen!» Er war freudig erregt. Einen lebenden Juden zu fangen, war eine großartige Leistung! Er würde in seinem Dorf ein gefeierter Mann sein, eine Berühmtheit! Voller Schadenfreude fesselten sie mich und warfen mich auf den Dachboden.

Ich wusste, was mich erwartete. Ich hatte keinerlei Illusionen. Sobibor hatte mir die Fähigkeit genommen, mir etwas vorzumachen. Die Stunden vergingen, und meine Angst wuchs und wuchs. Mein Herz pochte in meiner Brust, und ich war schweißgebadet. Aus lauter Verzweiflung begann ich schließlich, etwas zu tun: Ich begann, das Seil mit den Zähnen anzunagen. Eine ganze Nacht hindurch riss ich mit den Zähnen an dem verdammten Seil. Damals hatte ich noch meine echten Zähne, und meine Verzweiflung verlieh mir eine unbändige Kraft. Nach einer scheinbar endlosen Zeit war es mir schließlich gelungen, meine Handfesseln durchzubeißen. Da meine Hände nun frei waren, konnte ich als nächstes die Fesseln an meinen Füßen lösen. Ich kroch vom Dachboden und rannte so schnell ich konnte davon. Wenigstens hatte ich dem Ukrainer und seinem Sohn den Ruhm vereitelt, den sie mit meiner Übergabe zu erlangen gehofft hatten. Und ich war noch immer am Leben.

Im Laufschritt gelangte ich in ein polnisches Dorf. Ein Polnisch sprechender Mann mit einem Gewehr sprach mich an. Ich brach in Tränen aus. Wie sich herausstellte, war er jedoch ein anständiger Mann. Er hatte Mitleid mit mir und sagte mir, wo ich mich verstecken könnte. Ich folgte seinem Rat, kam in einen Wald und baute mir dort ein Versteck. Der Wald war voller Brombeersträucher. Ich pflückte täglich Beeren, konnte sie aber erst zwei oder drei Tage später essen, wenn sie einen rötlichen Farbton bekommen hatten. Also grub ich Löcher und hortete die Beeren darin für den späteren Verzehr. Ich lebte viele Tage von den Beeren.

Nachts streifte ich umher und erforschte die Pfade, die in den Wald hinein- und hinausführten. Ich nahm alles auf, was es dort zu lernen gab. Bei Tagesanbruch ging ich zu einem Fluss hinunter, um zu trinken. Ich verbrachte etwa zwei Wochen dort und fand mich schon damit ab, dass diese Art zu leben das Luxuriöseste war, das ich mir erhoffen konnte. Durch die friedlichen Tage und Nächte hatte ich auch Zeit, mich nervlich zu stabilisieren und zu beruhigen.

Doch mich quälte weiterhin das brennende Verlangen, die Partisanen zu finden und mich ihnen anzuschließen, und dieser Wunsch trieb mich schließlich dazu, den Wald wieder zu verlassen. Außerdem waren die meisten nahe gelegenen Dörfer «judenrein». Wochen-, ja sogar monatelang tauchten dort keine Deutschen auf. Sie kamen nur, wenn sie gerufen wurden, doch im Allgemeinen hielten sie sich fern. Ich verließ also das Waldversteck, das ich gefunden hatte, und bewegte mich von einem Graben zum anderen voran. Als ich einen Bauern mit seinem Wagen den Weg entlangkommen sah, ging ich auf ihn zu. Ich näherte mich nie zwei Personen, immer nur einer, denn ich fürchtete, überwältigt zu werden. Diese Bauern waren nicht bewaffnet, doch sie waren robust, also musste ich mich in Acht nehmen. Ich fragte den Bauern: «Weißt du, wo ich Partisanen finden kann?» Ich hatte gelernt, Menschen nach ihrem Tonfall einzuschätzen, und als der Bauer mir antwortete, wusste ich, dass ich ihm trauen konnte. Er sagte: «Geh dort drüben hin. Das Dorf heißt Terjeczin. Eine alte Frau, die im ersten Haus lebt, wird dir helfen. In dem Dorf verstecken sich ein paar Juden.» Ich hatte ein Goldstück, und aus lauter Dankbarkeit drückte ich es dem Bauern in die Hand und rannte los.

Als ich das Haus erreichte, sah ich dort eine alte Frau kochend am Feuer sitzen. Sie fragte mich, wer ich sei. Ich sagte ihr: «Ich bin ein Jude. Man hat mir gesagt, du könntest mir helfen, die Partisanen zu finden. Ich will mich ihnen anschließen.» Das Haus war von der einfachsten Sorte, innen war die Armut förmlich greifbar. Die alte Frau fragte mich genau nach meinem Hintergrund und meinen Erfahrungen aus. Ich gab ihr bereitwillig Antwort. Ich weinte vor Freude – endlich sprach jemand wie ein Mensch mit mir und wollte etwas über meine Vergangenheit wissen. Ein 16- oder 17-jähriges Mädchen kam zu mir herüber und begann sich mit mir zu unterhalten. Sie wirkte zunächst wie jedes andere Bauernmädchen, doch nach einer Weile kam ich darauf, dass sie Jüdin sein musste. Ich sprach Jiddisch mit ihr, doch sie antwortete nur auf Polnisch. Sie schien meine Geschichte offensichtlich nicht glauben zu wollen, und wie sie mir später sagte, glaubte sie, ich sei ein Provokateur, ein Agent, den man geschickt hatte, um sie aufzuspüren. Ich hatte noch immer meine Familienfotos in der Tasche, jene Fotos, die ich in Sobibor nicht ausgehändigt hatte. Auf einem dieser Fotos war mein Vater als bärtiger orthodoxer Jude zu sehen, in chassidischer Tracht.

Als das Mädchen das Foto sah, änderte sich ihre Haltung mir gegenüber sofort. Nun glaubte sie mir. Sie gab mir ein paar Kartoffeln zu essen und sagte mir, man dürfe mich nicht in diesem Haus sehen. Sie führte mich in einen anderen Bereich des Dorfes und versteckte mich in einem verlassenen Stall. Sie sagte, sie würde noch in derselben Nacht ihrem Vater Moishe Bescheid geben und ihm von mir erzählen.

Spät in der Nacht kamen Moishe und sein Bruder in den Stall. Sie erzählten mir, dass sie einer fünfköpfigen jüdischen Familiengruppe angehörten, die sich versteckte. Das Mädchen, das ich kennengelernt hatte, hieß Shaindele. Moishe sagte, dass vor dem Krieg viele Juden in diesem Dorf gelebt hätten. Alle im Dorf wussten, dass sich die Familie versteckte, doch niemand wusste wo, und man wollte es auch nicht wissen. Moishe erzählte mir, wie beliebt sie in dem Dorf seien – die Leute hier waren anständig. Moishe gab mir ein kleines Brot zu essen und sagte mir offen, dass ich mich nicht bei ihnen verstecken könnte. Sie hatten schon genug Probleme, auch ohne dass ein «Sobibóru» noch mehr Aufmerksamkeit erregte. Ich verstand – er hatte Angst, ich könnte die Aufmerksamkeit eines der vielen Verräter erregen, die ständig auf ihre «große» Chance lauerten. Moishe wünschte mir viel Glück und verschwand.

Ich blieb in meinem Versteck in dem Stall und überlegte, was ich als Nächstes tun sollte. Derweil konnte ich nachts das Kommen und Gehen von Moishes Familie mitverfolgen. Moishes Vater Mendele war ein sehr religiöser Mann. Er benutzte nur seine eigenen koscheren Töpfe und Utensilien. Nachts sah ich ihn daher mit seinen Töpfen umhereilen. Es konnte zwar sein, dass Moishe und seine Familie sich von den Einwohnern ihres Dorfes geliebt fühlten und dass dort viele anständige Leute lebten, doch ich musste feststellen, dass sie sich am Leben erhielten, indem sie nachts benachbarte Dörfer «besuchten» und dort stahlen. Sie kannten jeden Quadratmeter dieser Gegend und wurden geübte Diebe. Nachts konnte ich sehen, wie sie sich wie Geister schnell umherbewegten.

Nach ein paar Tagen zwang mich der nagende Hunger dazu, den Stall zu verlassen. Ich ging zu einem Haus im Dorf und bettelte um Brot. Ein Mann gab mir ein Stück, sagte mir jedoch, ich solle den Nachbarn nicht erzählen, dass er mir etwas gegeben hatte. Sie hatten alle panische Angst vor den Deutschen und voreinander. Am nächsten Tag ging ich ans andere Ende des Dorfes, zu den letzten Häusern an der Straße. In einem der Häuser sagten mir die Leute, ich solle das letzte Haus an der Straße meiden – der Bauer habe eine ganze jüdische Familie umgebracht. Er hatte sie völlig ausgelöscht. Sie warnten mich davor, mich seinem Haus zu nähern. Der Bauer hatte eine jüdische Familie versteckt, doch dann bekam er Angst. Um sich von der Last zu befreien, holte er einen nach dem anderen heraus und erschoss sie. Ein Mann gab mir einen Kohlkopf, und ich war ihm sehr dankbar dafür. Ich kroch zurück in meinen «neuen» Unterschlupf – den Dachboden eines ehemals zweistöckigen Hauses. Das Haus war voller Überreste menschlicher Fäkalien. Niemand würde darauf kommen, dass ein erschöpfter, gejagter Jude sich dort versteckte. Ich knabberte so lange an meinem Schatz, dem Kohlkopf, bis ich ihn aufgegessen hatte, dann machte ich mich wieder ans Betteln. Ich bekam hier ein paar Karotten, dort ein Stück Brot – jeder Bissen bedeutete für mich ein bisschen Leben.

Einmal, es war mitten am Tag und ich hatte mich in meinem Versteck zusammengerollt, hörte ich, dass draußen jemand umherging.

Ich konnte hören, wie diese Person eine Leiter an die Öffnung stellte, die zum Dachboden führte. Als ich nach unten blickte, sah ich einen Bauern, der mit der Pistole in der Hand hinter mir her war. Ich sprang vom Dachboden herunter und machte mich auf in ein kleines dichtes Wäldchen. Ich zitterte vor Schreck, als ich mich zwischen die Bäume stürzte, in die Sicherheit, die sie mir boten. Mitten am Tag so überrascht zu werden – davor hatte ich mich immer gefürchtet. Und nun war es passiert! Inzwischen hatte ich schon eine gewisse Routine und fühlte mich einigermaßen sicher. Doch mich plagte die ständige Angst, dass sie eines Tages hinter mir her sein würden. Und das waren sie. Ich blieb den ganzen restlichen Tag in dem Dickicht und stahl mich in der Nacht davon.

Ich kam in ein nahe gelegenes Dorf und näherte mich einem Haus, um dort um Essen zu betteln. Das Dorf war von Baptisten bewohnt, deren Religion ihnen eine gewisse Achtung vor dem menschlichen Leben auferlegte. Ich nahm an, dass sie einem Mitmenschen nichts zuleide tun würden. Daher ging ich jeden Tag zu einem anderen Bauern und bettelte um Essen. Sie gaben mir immer ein bisschen und flehten mich an, den Nachbarn nichts davon zu sagen. Jeder Einzelne lebte in Panik, in Angst vor den jeweiligen Nachbarn. Ihre Furcht war ansteckend – ich hatte Angst, in dem Dorf zu bleiben, deshalb kehrte ich nach Terjeczin zurück und versteckte mich dort in einem anderen zerfallenen jüdischen Haus. Als ich nachts auf Betteltour ging, traf ich jemanden aus Moishes Familie. Ich erzählte ihm von meinem knappen Entkommen, als der Bauer auf der Suche nach mir mit seiner Pistole auf den Dachboden geklettert war. Moishes Verwandter wusste allerdings schon Bescheid. Er schien offensichtlich gut unterrichtet zu sein. Er sagte, die Bauern hätten es nur darauf abgesehen, mir Angst zu machen und mich aus Terjeczin zu vertreiben. Schließlich hatten sie mit Moishes Familie schon genügend Sorgen. Sie fürchteten, die Deutschen würden kommen und das ganze Dorf niederbrennen. Sie würden sie ebenfalls erschießen.

Seine Worte konnten mich jedoch nicht von meiner Suche nach etwas Essbarem abhalten. Ich hatte furchtbaren Hunger, deshalb bettelte ich weiter um Essen. In mehreren Häusern wurde mir dann jedoch gesagt, man rechne mit einer Razzia der Deutschen. Diese Nachricht beunruhigte mich und machte mich sehr nervös, deshalb verkroch ich mich in einem großen Heuhaufen. Es schneite an diesem Tag, daher bot mir der Heuhaufen nicht nur ein Versteck, sondern hielt mich auch einigermaßen warm. Ich hatte allerdings das Pech, dass ausgerechnet an diesem Abend der heimtückische Bauer, der im letzten Haus wohnte und jeden Einzelnen einer ganzen jüdischen Familie erschossen hatte, bestohlen wurde. Plötzlich hörte ich Schritte. Ich hörte, wie Leute mit langen Stangen in den Heuhaufen herumstocherten. Ich hatte das Gefühl, mein Herz säße mir im Hals. Plötzlich spürte ich, wie jemand meine Füße packte und mich wie einen alten Sack herauszerrte. Meine Fußabdrücke im frischen Schnee mussten mich verraten haben. Ich fing an, leise zu weinen. Der heimtückische Bauer sah mich an und erzählte mir, dass ihm an diesem Abend eine Kuh gestohlen worden sei. Im selben Atemzug sagte er aber, er sei nicht hinter mir her – er wisse, dass ich seine Kuh nicht gestohlen habe. Er schien alles über mich zu wissen. Er sagte mir, ich könne in dem Heuhaufen bleiben, ich habe von ihm nichts zu befürchten. Unglaublich erleichtert verkroch ich mich wieder im Heuhaufen, und er ging. Ich wartete zehn bis fünfzehn Minuten, dann machte ich mich aus dem Staub. Ich glaubte ihm nicht. Ich war an einem Punkt angekommen, wo ich niemandem mehr traute. Ich wusste nicht, wohin ich rannte – ich rannte einfach drauflos. Schließlich hielt ich an und versteckte mich in einem Wald, der drei oder vier Kilometer von Terjeczin entfernt lag.

Am folgenden Abend näherte ich mich vorsichtig einem Haus, um dort um Essen zu betteln. Die Bewohner wussten über mich Bescheid – dass der heimtückische Bauer mich im Heuhaufen gefunden hatte usw. Es gab unter den Bauern scheinbar keine Geheimnisse. Jeder wusste, was im Haus des Nachbarn vor sich ging. Die Bauern machten mir lautstark deutlich, ich müsse aus ihrem Dorf verschwinden. Schließlich lebte schon eine jüdische Familie auf ihre Kosten. Durch meine Anwesenheit gefährdete ich alle. Also verließ ich Terjeczin und kehrte in den großen Wald zurück. Ich durchkämmte den ganzen Wald auf der Suche nach Partisanen, doch ich fand sie nicht. Ich fand alte Feuerstellen mit Resten von Eier- und Kartoffelschalen usw., doch nirgendwo Partisanen. Einige Tage lang wanderte ich ziellos umher. Noch immer war ich völlig allein.

Hunger und Einsamkeit können einen Menschen an seine Grenzen bringen. Eines Nachts, ich bettelte wieder um Essen, betrat ich ein

Haus, und erst als ich schon drin war, sah ich, dass dort ein Deutscher war. Mich packte die Angst. Ich traute mich nicht, gleich abzuhauen, weil er mich dann verfolgen würde. Also tat ich so, als habe ich ihn nicht gesehen, und tastete mich langsam zurück zur Tür. Als ich sie erreicht hatte, duckte ich mich hinaus und rannte um mein Leben.

Als ich am nächsten Tag zu einem Haus in einem benachbarten Dorf kam, lachten mich dessen Bewohner aus. Sie wussten genau darüber Bescheid, was am Vortag bei meiner «Flucht» vor dem «Deutschen» passiert war. Sie erzählten mir, dass der «Deutsche» eigentlich kein Deutscher war; er war ein Partisan, der gerade seine Freundin besuchte. Er trug die Uniformjacke eines Deutschen, die er ergattert hatte. Sie lachten sich alle auf meine Kosten kaputt. Die schiere Erleichterung ließ mich mitlachen. Mittlerweile wurde es jede Nacht kälter. Oft wusste ich nicht einmal, wo ich war.

Als ich einmal nachts zu einem Haus kam, sah ich drinnen am halb offenen Fenster ein Leintuch hängen. Wie gerne hätte ich das Leintuch gehabt! Wenn ich es doppelt zusammenlegte, könnte ich es in den kalten Nächten gut als Decke verwenden. Langsam schob ich das Fenster ganz nach oben und klettert so weit hinein, dass ich danach greifen konnte. Es befand sich ein Hund im Zimmer, doch – und das war äußerst merkwürdig – er sah mich bloß an. Er bellte nicht und machte auch sonst kein Geräusch. Ich packte das Leintuch und rannte los. Kälte kann äußerst schmerzhaft sein: Sie kann so schneidend wie ein scharfes Messer sein. Deshalb war das Leintuch etwas sehr Wertvolles für mich. Ich versteckte mich tief in einem nahe gelegenen Wald, legte das Laken sorgfältig zusammen und zog es mir über den Kopf. Es war eine große Verbesserung. Die Kälte setzte mir nicht mehr so zu wie zuvor. Das Leintuch war auch nicht die perfekte Lösung, aber besser als nichts. Wenn ich meinen Kopf bedeckt hatte, ragten meine Füße heraus und wurden kalt. Aber sonst war mir warm.

Am nächsten Morgen bestieg ich einen Hügel, um zu sehen, wo ich war – wo das nächste Dorf war. Die Deutschen mieden meistens Hügel, weil sie nicht wollten, dass die Partisanen, die möglicherweise in der Nähe lauerten, sie orten konnten. Vom Hügel aus konnte ich das nächste Dorf sehen. Ich kannte es nicht. Als die Nacht hereinbrach, machte ich mich auf den Weg dorthin. Ich hatte einerseits Angst, in ein völlig neues Dorf zu kommen, wo möglicherweise bösartige

Informanten und Ähnliches lauerten, doch andererseits hatte ich auch nach einem neuen Ort gesucht. Wenn ich in einem Dorf um Essen bettelte, achtete ich darauf, ein bis zwei Wochen Pause einzulegen, bevor ich es wieder aufsuchte. Ich wollte nicht zum öffentlichen Gesprächsthema werden. Mit einem Stück Brot war ich schon zufrieden und ich wollte mein Schicksal nicht herausfordern.

Als ich mich den Häusern dieses neuen Dorfes näherte, packte mich eine instinktive Angst. Ich geriet in Panik und konnte nicht weitergehen. Ich kehrte um, um das Dorf wieder zu verlassen, und drehte mich immer wieder um, um zu sehen, ob mir jemand folgte. Niemand folgte mir. Ich sah aber, dass ein Bauer, der weit entfernt von mir stand, mich gesehen hatte. Er machte eine merkwürdige Kopfbewegung – er wollte meine Aufmerksamkeit auf sich ziehen, doch wollte er mir nicht zuwinken oder sonst eine auffälligere Geste machen. Das könnte ihn später sein Leben kosten. Ich sah zu ihm herüber, und als er sicher sein konnte, dass ich ihn beobachtete, legte er ein kleines Bündel auf den Boden. Ich ging nicht sofort darauf zu. Ich wartete, bis der Bauer sich entfernt hatte, dann, ein paar Stunden später, näherte ich mich dem Bündel auf Umwegen. Als ich es erreichte, offenbarte sich mir ein wahrer Schatz. Es war ein riesiges, frisches, geschnittenes Brot. Es roch noch immer nach dem Ofen. Dieser Bauer muss ein sehr edler Mensch gewesen sein, dass er Mitleid mit einem hilflosen Mitmenschen hatte und ganz konkrete Hilfe leistete. Ich stürzte zurück in den Wald, setzte mich mit meinem Schatz hin und teilte ihn in drei Portionen auf. Das Brot würde mir mindestens drei Tage reichen. Drei weitere Tage überleben!

Als ich das Brot einige Zeit später aufgebraucht hatte, verließ ich den Wald, um erneut um Essen zu betteln. Wie immer trug ich den Knüppel in der Hand und das Messer in der Tasche. Das dritte Haus, dem ich mich näherte, gehörte einer scheinbar wohlhabenden Frau, die gerade große Piroggen (polnische Teigtaschen) und Brot buk. Sie ließ mich Platz nehmen und gab mir zu essen, außerdem gab sie mir noch ein großes Brot und etwas Kohl für unterwegs mit. Sie war ein Goldschatz, diese Frau, und ich lief triumphierend zu meinem Versteck zurück. Ein paar Tage später wagte ich mich abermals hinaus, um am anderen Ende des Dorfes betteln zu gehen. Meistens ging ich zu Häusern, die etwas abseits von den Hauptstraßen lagen. Diesmal wurde ich bei jedem Haus abgewiesen. Die Bewohner jagten mich fort und hetzten ihre bösartigen Hunde auf mich. Ich bekam Angst. Ich erkannte, dass die Leute in dieser Ecke gemein waren. Es war seltsam, doch meistens war es so, dass wenn mir in einer Gegend eine Person etwas gab, die anderen es ebenfalls taten. Und wenn einer gemein war, dann waren es meist auch alle anderen. Das mag unlogisch klingen, doch so war es. Ich verzog mich schnell aus dieser Gegend und dem Dorf.

Im Nachbardorf hatte ich auch kein Glück, also kehrte ich zum Haus der reichen Frau zurück. Sie sagte mir, dass die Bauern erzählten, dass ein «żyd» (Jude) in der Nähe des Dorfes herumlungere. Sie gab mir etwas Milch und Brot und flehte mich an, nicht wieder bei ihr aufzutauchen. Sie sagte, es gebe Verräter in der Gegend. Man würde ihr Haus niederbrennen; sie könnte erschossen werden. Zum Abschied gab sie mir einen riesigen Piroggen, gefüllt mit Zwiebeln und Kohl. Ich nahm einen Bissen, er war so köstlich. So unglaublich gut. Damals trug ich einen alten Mantel, den ich in einem Feld gefunden hatte. Irgendein Bauer musste ihn weggeworfen haben. Er war zerlöchert und zerlumpt, doch er war sehr schwer und riesengroß – er reichte mir bis zu den Knöcheln. Er hatte große Taschen, also steckte ich den Piroggen in eine der Taschen. Ich dankte der Frau und machte mich auf den Weg zu meinem Versteck. Als ich es fast erreicht hatte, griff ich in meine Tasche und – Unglück, welch Unglück – stellte fest, dass ich den Piroggen verloren hatte! Ich fing an, wie ein Baby zu weinen, als ob ich den kostbarsten Diamanten verloren hätte. Bis zum Morgengrauen ging ich denselben Weg zurück und durchforstete die Gegend, doch ich konnte den Piroggen nicht wiederfinden. Wahrscheinlich hatte sich ein Tier aus dem Wald darauf gestürzt. Ich hatte damit gerechnet, mit dem Piroggen ein paar Tage Ruhe zu haben. Und nun hatte ich nichts. Wohin sollte ich mich wenden? Wen kümmerte es, ob ich lebte oder starb? Ich war für jeden, den ich traf, eine Last. Ich war sehr niedergeschlagen, als ich in dem großen Wald umherwanderte. Hatte all das Leid überhaupt einen Sinn? Und wenn ich überlebte – für wen und warum?

Als ich mich so dahinschleppte, hörte ich, dass in der Ferne Holz gehackt wurde. In einem Wald kann man solche Geräusche zwei bis drei Kilometer weit hören. Das Geräusch wurde immer lauter. Ich versteckte mich im Gebüsch, um zu sehen, wer der Holzfäller war. Ich hoffte, es seien die Partisanen. Doch diese Hoffnung hatte sich schnell zerschlagen, als ich einen Knaben erkannte, der wie ein typischer Bauernjunge gekleidet war. Er sah aus, als sei er 13 oder 14 Jahre alt. Ich ging auf ihn zu. Er bekam große Angst, als er mich näherkommen sah. Schließlich war ich durch lange Erfahrung inzwischen geübt darin, mich völlig geräuschlos zu bewegen. Er hatte geglaubt, er sei völlig allein an diesem Ort. Zuerst sprach ich ihn auf Polnisch an, und während ich redete, schien er sich immer unwohler zu fühlen. Dann hatte ich die Eingebung, ins Jiddische zu wechseln – da kehrte die Farbe wieder in sein Gesicht zurück, und er lächelte. Ich erzählte ihm, dass ich mit anderen Juden in einem schrecklichen Vernichtungslager in Sobibor gewesen sei; ich erklärte ihm den Aufstand, den wir organisiert hatten. Als ich weitererzählte, umarmte er mich und hielt mich voller aufrichtiger Herzlichkeit umschlungen. Er bat mich, ein paar Minuten zu warten, dann eilte er davon.

Kurze Zeit später kam der Junge zurück und führte mich zu einem tief versteckten Bunker aus Holz. Drinnen war es sehr nass, die Luft klamm. Es war auch ziemlich kalt. Der Gestank in dem Loch war fürchterlich – wie der Geruch von ranzigem gebratenem Schmalz gemischt mit dem Mief alter Lumpen. Es gab dort eine Art provisorisches Bett, das aus alten Brettern zusammengezimmert worden und mit Lumpen bedeckt war. Die Mutter des Jungen trat an mich heran und fragte mich, wer ich sei. Im Bunker waren mit ihr noch zwei kleine Kinder. Mendele, der Junge, den ich gefunden hatte, trug ein Gewehr, ebenso wie sein 16-jähriger Bruder, der gerade nicht da war. In dem Bunker gab es Schinken und Schweinefleisch; er war voller Lebensmittel. Die Mutter sagte, ich solle mir an Essen nehmen, was ich wolle; offensichtlich hatte sie Angst vor mir. Sie war sehr nervös, als sie mich fragte, wie ich ihren Sohn gefunden habe. Sie wollte wissen, ob jemand mir von dieser Familie im Wald erzählt habe. Wiederholt fragte sie mich: «Hat jemand gesagt, es gebe einen Bunker im Wald, in dem eine jüdische Familie Unterschlupf gefunden hat?» Immer und immer wieder, manchmal fast hysterisch, kam sie auf diese Frage zurück und stellte sie erneut. Und jedes Mal musste ich wiederholen, dass niemand mir von ihnen erzählt hatte – ich hatte ihren Sohn Mendele zufällig getroffen. Viele Male erzählte ich ihr, wie ich ihren Sohn Holz hacken gehört hatte. Ich erzählte ihr auch alles über Sobibor und meine erfolglose Suche nach den Partisanen.

Als ob sie mir beweisen müsse, dass sie keine wehrlose Frau war, sagte sie mir, sie habe einen Mann in der Nähe, der Isaak hieße. Als sie ihn erwähnte, erinnerte ich mich an etwas. Ich hatte von ihm gehört. Er zog mit einer Bande von zehn oder zwölf Männern herum und stahl von den Bauern der Umgebung Essen, Kleidung usw. Ich hatte von ihm gehört, weil viele der Bauern von «Nasza Isaak» (unserem Isaak) sprachen. Er raubte die Bauern völlig aus. Er hatte einen schrecklichen Ruf bei ihnen. Sie sagten mir öfters: «Sobibóru, lass Isaak uns um Essen bitten – wir werden ihm was geben! Doch warum kommt er mit seiner Bande, um uns dermaßen auszuplündern? Er ist ein verdammter Dieb!» Andere sagten «Unser Isaak, unser Freund aus Vorkriegszeiten – wie kann er jetzt daherkommen und uns mit gezücktem Gewehr ausrauben?» Isaak stammte aus der Gegend, und alle kannten ihn gut. Was immer seine Bande stehlen konnte, nahmen sie sich. Als ob sie die Taten ihres Mannes und ihrer Söhne rechtfertigen wollte, sagte mir die Frau, dass sie hin und wieder Strafexpeditionen zu Bauern aus der Gegend unternahmen, die Juden verraten hatten. Inzwischen war ihr älterer Sohn in den Bunker zurückgekehrt, und ich sagte ihm und seinem Bruder, dass ich mich ihnen anschließen wolle. Sie sagten mir geradeheraus, dass sie mich nicht wollten. Ich hatte schon einige Zeit im Bunker verbracht, und die Nacht brach herein. Die Frau sagte mir, ich solle so viel Essen mitnehmen, wie ich wollte. Sie hätten genug übrig, sagte sie. Ich nahm mir etwas, wollte mich aber nicht zu schwer beladen. Außerdem kannte ich ja nun den Weg zum Bunker und dachte mir, dass ich mir zukünftig wieder etwas holen könnte. Also verabschiedete ich mich von allen, dankte ihnen für das Essen und ging. Im Gehen sah ich mich genau um, um mir Orientierungspunkte zu merken, damit ich den Bunker auch wiederfinden würde.

Im Wald traf ich auf eine Hütte. Sie war mit Stroh bedeckt und mit Brettern verriegelt. Ich hob zwei Bretter an, kletterte hinein und zog die Bretter wieder hinter mir zu, sodass niemand erkennen würde, dass jemand in der Hütte war. Drinnen gab es eine Menge Stroh, aus dem ich mir ein Versteck baute. Zu essen hatte ich genug, zumindest für die nächste Zeit. Ich war jedoch ständig besorgt, wie es in der nächsten und in der Woche darauf aussehen würde. Wenn man nicht genug hat, kann Essen zur Obsession werden. Ich ruhte mich einige Tage in der Hütte aus und kam wieder zu Kräften. Mit all dem Stroh war es warm da drin. Als das Essen zu Ende war, machte ich mich nachts auf den Weg zum Bunker. Es war nicht schwer, ihn zu finden, doch als ich dort ankam, war er völlig verlassen. Als ich hinabstieg, war überall Wasser, und es war stockdunkel. Zuvor war er durch eine kleine Öllampe erhellt gewesen. Offensichtlich hatten alle den Bunker verlassen. Große Ratten – so groß wie Kätzchen – huschten darin herum. Ich rannte sofort wieder heraus. Isaaks Familie war scheinbar weitergezogen.

So nahm ich meine Streifzüge wieder auf, um nach etwas Essbarem zu suchen. Es wurde langsam dunkel, daher blieb ich für die Nacht in dem Wald. Ich schaffte es nicht zur Strohhütte zurück. In einem verlassenen Keller hatte ich ein paar Kartoffeln gefunden, also röstete ich sie über einem kleinen Feuer, schlang sie hinunter und fiel in einen so tiefen Schlaf, wie ihn nur ein völlig Erschöpfter erlebt. Mitten in der Nacht wachte ich auf, weil sich etwas im Wald bewegte. Sofort überkam mich wieder die Angst, und ich versteckte mich in dichtem Gebüsch. Ich wagte es nicht aufzustehen, denn dann hätte man mich leicht gesehen. Als ich durch die Büsche spähte, sah ich einen Pferdewagen direkt auf mein Versteck zukommen. Der Wagen hielt in meiner Nähe an, und ich sah zwei Frauen und zwei Männer. Die Männer waren schwer bewaffnet. Ich fürchtete, husten oder niesen zu müssen; ich hatte Angst, dass schon mein nervöses Atmen mich verraten würde. Die vier waren Aasfresser – sie gingen in die Wälder, um dort nach entflohenen Juden zu suchen. Sie waren Verbrecher, Banditen, die danach trachteten, wehrlose Menschen auszurauben und zu ermorden. Einer der Männer hatte eine Taschenlampe. Als sie in der Gegend herumstocherten, erhellte die Lampe das Gestrüpp, in dem ich saß. Ich fürchtete, dass sie mich gesehen hatten. Doch entweder hatte ich Glück oder sie waren unaufmerksam. Sie entdeckten mich nicht. Sie bestiegen ihren Wagen und fuhren davon. Als sie wegfuhren, konnte ich erkennen, dass der Wagen mit einigen Lebensmitteln und Kleidern beladen war. Offensichtlich waren sie bei ihrer Jagd «erfolgreich» gewesen, bevor sie mein Gebüsch erreichten. Wahrscheinlich hatten sie einen Bunker mit unglückseligen Juden aufgespürt, die sie kurzerhand ermordet hatten. Erst als ich mir sicher war, dass sie weit genug weg waren, traute ich mich, wieder normal zu atmen.

Fünf oder sechs Tage später traf ich Isaaks Söhne im Wald. Sie waren schwer bewaffnet. Ich erzählte ihnen, dass ich sie in ihrem Bunker aufsuchen wollte, diesen aber verlassen vorgefunden hätte. Ich bat sie darum, sie hin und wieder besuchen zu dürfen. Ich versprach, ihre Gastfreundschaft auch nicht zu überstrapazieren – ich würde nur hin und wieder in größeren Abständen kommen. Doch sie weigerten sich strikt, mir zu sagen, wo sich ihr neuer Bunker befand. Sie sagten mir, sie hätten den alten Bunker am Abend nach meinem Eintreffen dort verlassen. Sie trauten mir nicht. So war das damals – jeder war nur darauf aus, seine eigene Haut zu retten. Alle anderen konnten zur Hölle fahren. Das machte der Krieg aus den Menschen – er verwandelte sie in egoistische und misstrauische Tiere. Ich flehte die beiden Jungen an, mir ein Gewehr zu geben, doch sie lachten mich nur aus. Schließlich sagte einer, für Gold würde er mir eins geben. Ich hatte noch ein paar Schmuckstücke meiner Frau, also gab ich ihnen den Schmuck, und sie verkauften mir dafür ein Gewehr. Als sie sich zum Gehen wandten, wollte ich sie begleiten, doch sie erlaubten es mir nicht.

Ich kehrte zu der Strohhütte zurück, verbrachte dort einige Tage und drehte dann wieder meine Runden in den Dörfern, wo ich zuvor Brot bekommen hatte. Nun, da ich das Gewehr hatte, ging ich sogar in ein Dorf, wo man mir Brot verweigert hatte. Zur Tarnung schmierte ich mir schwarzen Staub ins Gesicht. Trotzdem erkannten mich manche Bauern sofort. Sie nannten mich «Sobibóru». Ich steckte das Gewehr durch die Fenster, doch das blieb scheinbar wirkungslos. Manche Bauern lachten mich aus, obwohl die Waffe auf sie gerichtet war. Einer sagte: «Ach, Sobibóru, wir kennen dich doch! Warum zeigst du mit dem Gewehr auf uns? Du würdest uns doch nicht erschießen – das weißt du doch!» Hungrig kehrte ich zu meinem Versteck zurück.

Am nächsten Abend kehrte ich ohne Waffe in eben dieses Dorf zurück. Der Bauer, der am Abend zuvor mit mir gesprochen hatte, sagte: «Sobibóru, du hast Glück! Wenn du mit dem verdammten Gewehr zurückgekommen wärst, würde ich dich töten! Hier ist ein Stück Brot. Iss es in Ruhe. Wir sind Baptisten und haben Mitleid mit einem Menschen in Not. Wenn du mit einer Waffe ankommst, geben wir dir nichts und werden uns verteidigen. Doch wenn du um Brot bittest, geben wir dir etwas. Selbst mit deinem verschmierten Gesicht haben wir dich erkannt! Und wir wissen, dass du kein Mörder bist. Doch räuberische Banditen mögen wir nicht. Wir wissen, wie wir mit ihnen umzugehen haben.» Er gab mir sogar ein großes Glas Milch. Ich war ziemlich abgekämpft und schwach, deshalb hatte er Mitleid mit mir. Ich dankte ihm überschwänglich und ging.

Etwa eine Woche später hatte ich ein besonders verstörendes Erlebnis. Ich hatte mich in der Strohhütte verkrochen und schlief tief und fest, als ich davon aufwachte, dass mich jemand mit einem Gewehrkolben anstieß. Als ich aufsah, sah ich Isaaks zwei Söhne, die mich böse anfunkelten. Der 16-jährige sagte zu mir: «Also, Sobibóru, wo hast du das Gewehr?» Ich sagte ihm, dass ich es ihnen ehrlich abgekauft hatte, ich hatte mit dem wertvollen Schmuck meiner Frau dafür bezahlt. Dieser Schmuck hatte mir viel bedeutet. Er verband mich mit meiner Frau und meinem früheren Leben, und es war mir schwergefallen, mich davon zu trennen. Doch ich brauchte das Gewehr und hatte voll dafür bezahlt. Die beiden Jungen lachten mich dafür aus, dass ich sie anflehte. Ich sagte ihnen, ich habe das Gewehr bei einem Bauern zur Aufbewahrung gelassen. Sie glaubten mir nicht, und der 16-Jährige sagte: «Mendele, durchsuche alles.» Mendele brauchte keine fünf Minuten, um das Gewehr zu finden, während mich sein Bruder mit seiner eigenen Waffe in Schach hielt. Sie lachten, als sie das Gewehr fanden und aus der Strohhütte rannten. Nun war ich wieder so wehrlos wie zuvor. Und dass ich von anderen Juden so behandelt worden war, schmerzte mich sehr. War denn alle Welt völlig verwildert? Gab es keine Anständigkeit mehr? Außerdem hatte ich gehört, dass man ein eigenes Gewehr haben musste, um von den Partisanen anerkannt zu werden. Das Gewehr wäre also meine Eintrittskarte zu den Partisanen gewesen, wenn ich sie überhaupt fand. Und nun hatte ich diese Eintrittskarte verloren. Dieser Vorfall deprimierte mich sehr.

Ich konnte mich nicht länger in dem Baptisten-Dorf aufhalten, deshalb zog ich nach Poczalev weiter. Dort hatte ich zu Beginn des Krieges gearbeitet. Ich kam in der Nacht dort an und versteckte mich unter einer Brücke. Ich hatte großen Hunger, wartete jedoch bis zum Tagesanbruch. Als die Sonne aufging, macht ich mich zu dem Haus eines Mannes auf, der mich angestellt hatte. Obwohl ich furchtbar aussah, erkannte er mich sofort. Er begrüßte mich mit einem «Guten Morgen», und ich bat um ein Glas Wasser. Er gab mir Wasser und zusätzlich Brot und einen Becher Milch. Ich verschlang das Brot und stürzte die Milch vor seinen Augen hinunter. Ich fragte ihn, ob er mit der Arbeit, die ich für ihn geleistet hatte, zufrieden gewesen sei. Er erwiderte, er sei äußerst zufrieden gewesen. Ich sehnte mich nach einem Menschen, der mir mitfühlend zuhörte – ich musste das, was sich in mir angestaut hatte, einfach loswerden, deshalb erzählte ich ihm, was ich durchgemacht hatte, was Sobibor für ein Ort war, wie wir den Aufstand organisiert und dabei nicht wenige Deutsche umgebracht hatten. Als ich ihm von Sobibor erzählte, erschrak mein früherer Arbeitgeber. Während ich sprach, bekreuzigte er sich mehrmals. Ich sagte ihm, ich würde mich gerne in seiner Scheune verstecken, um nachts loszuziehen und die Partisanen zu suchen. Ich versicherte ihm, ich würde ihm nicht zur Last fallen – er würde gar nicht merken, dass ich da war. Doch das wollte er nicht. Er erzählte mir, dass die Deutschen in diesem Dorf versteckte Juden aufgespürt und sie alle zusammen mit ihren Beschützern umgebracht hatten. Das war sein letztes Wort – ich würde in der Scheune keine Zuflucht finden. Ich kehrte zur Brücke zurück und versteckte mich dort.

Am nächsten Morgen spähte ich aus meiner Zufluchtsstätte unter der Brücke hervor und sah, wie die Bauern sich auf den Weg zum Markt nach Chełm machten. Ich erkannte eine Ukrainerin und ihren Mann, die vor dem Krieg, als ich meinen Textilhandel betrieb, Waren bei mir gekauft hatten. Sie waren gute Kunden, anständige Leute. Ich trat an sie heran und flehte sie an: «Bitte nehmt mich auf dem Rückweg mit in euer Dorf! Versteckt mich! Bitte rettet mein Leben!» Die Frau sagte, ich solle dort an der Brücke warten, sie käme auf dem Rückweg vorbei. Ich wartete geduldig, bis am Nachmittag eine andere Frau auf mich zugerannt kam. Sie war sehr aufgeregt und rief mir zu: «Żydek, żydek (Jude, Jude), lauf weg! Ergreif die Flucht! Schnell! Schnell! Man hat dich verraten!» Nachbarn in der Stadt hatten ihr gesagt, dass die Deutschen losgeschickt worden seien, um einen Juden zu suchen, der sich unter der Brücke versteckte. Die Frau, die auf mich zugelaufen kam, war den Deutschen nur einen Schritt voraus; sie war ein edler Mensch. Ich werde nie wissen, wie sie hieß oder wer sie war, doch so lange ich atme, wird sie in meinem Herzen leuchten. Als ich ihre unheilverkündende Botschaft vernahm, rannte ich los wie ein wildes Tier. Ich rannte in einen kleinen Wald und versteckte mich dort, bis es Nacht wurde. Das alles setzte mir emotional sehr zu – die Frau, der ich vertraut hatte, hatte mich verraten. Dass eine einst gute Kundin von mir so etwas tun würde, bedrückte mich außerordentlich. Und warum würde ein Mensch einem anderen so etwas antun? Solche Gedanken quälten mich.

Am nächsten Tag streifte ich umher, um ein Versteck zu finden. Unterwegs wurde ich immer wieder von Hirtenjungen gejagt, die mir hinterherriefen: «Złap żyd, złap żyd!» (Fangt den Juden, fangt den Juden!) Da ich schon immer ein schneller Läufer gewesen war, fassten sie mich nie. Für sie war es ein beliebtes Spiel, einen Juden zu jagen und zu fangen. Ich war nur von einem Gedanken besessen, der mich weitermachen ließ: die Partisanen zu finden. Wenn ich sie fände, würde ich endlich Rache üben – für all meine Lieben, für Chełm und für meine Kameraden aus Sobibor, die es nicht geschafft hatten.

In Polen gibt es viele Wälder, und in diesen Wäldern gibt es sogenannte Kolonias. Das sind lockere Verbände von einzelnen Häusern, die jeweils drei bis vier Kilometer auseinanderstehen. Die Deutschen kamen nie zu diesen Häusern, außer sie hatten einen besonderen Grund dafür. In der Nähe eines Waldes entdeckte ich ein solches Kolonia-Haus und sprach einen älteren Bauern an, der nicht weit davon entfernt stand. Als ich ihm erzählte, dass ich aus dem Vernichtungslager Sobibor kam, erschrak er sehr und führte mich in seinen Pferdestall. Ich sagte ihm, dass ich großen Hunger habe. Er war ein armer Mann, doch er brachte mir etwas Brot und Wasser. Er erzählte mir, sein Schwiegersohn sei Schuster, woraufhin ich ihm meine zerfetzten Schuhe zeigte. Der alte Bauer nahm meine Schuhe und sagte, er würde sie seinem Schwiegersohn bringen, der in der Nähe wohnte. Er ging und kam einige Stunden später mit meinen reparierten Schuhen zurück. Ich küsste ihn vor lauter Dankbarkeit. Er sagte mir, er sei Baptist, und ich war sehr erfreut, das zu hören. Er erzählte mir, er habe eine Frau, zwei Töchter (eine 15, die andere 18 Jahre alt) und einen Sohn. Neben dem ärmlichen Haus besaß er eine magere Kuh und ein kleines Gemüsebeet. Er kam kaum über die Runden und hatte es wirklich schwer. Als ich hörte, wie schlecht es ihm ging, holte ich ein Schmuckstück meiner Frau heraus, das ich noch hatte, und drückte es ihm in die Hand. Ich sagte ihm, er könne es gegen Geld eintauschen.

Daraufhin meinte er, am kommenden Tag sei Markttag und er würde den Schmuck dort hinbringen und ihn einsetzen, um das Nötigste zu kaufen. Mit ihm zu sprechen gab mir Hoffnung. Ich scheute mich, ihn um eine Unterkunft zu bitten, doch ich musste gar nichts sagen; er nahm mich mit in sein Haus, das sehr niedrig gebaut war. Er brachte mich auf den Dachboden, der nicht sehr hoch war; zur Not konnte man mühelos hinunterspringen. Er zerrte eine Bank für mich in den vorderen Bereich des Dachbodens und sagte, ich könne vorerst bei ihm und seiner Familie bleiben. Er zeigte mir eine winzige Öffnung, durch die ich hinausspähen und sehen könnte, ob Gefahr drohte. Er sagte, ich solle immer auf der Hut sein. Er sagte außerdem, er sei zu arm, um ein weiteres Maul stopfen zu können – ich müsste losziehen und in den nahe gelegenen Dörfern betteln gehen. Und wenn ich beim Betteln Erfolg hatte, erwartete er, dass ich meine Ausbeute mit ihm und seiner Familie teilte.

An diesem Abend kochte er eine Mischung aus schwarzen Mohnsamen und Wasser und teilte dies mit mir. Es gab weder Brot noch Milch, nur dieses ungenießbare Gebräu. Obwohl ich solchen Hunger hatte, bekam ich es nicht herunter. Es schmeckte wie klumpiges oder ranziges Rizinusöl. Die Familie des Bauern war sehr fromm, sie beteten ständig, vor allem vor dem Schlafengehen. Wenn sie bei den Gebeten Jesus und sein Leiden erwähnten, warfen sie mir böse, feindselige Blicke zu, als ob ich ihren Jesus persönlich gefoltert hätte. Ich übernachtete auf der aus einem Brett bestehenden Bank und hielt meine Kleider zu einem Bündel zusammengerollt in einer Hand. Sollte etwas passieren, könnte ich mit dem Kleiderbündel in der Hand vom Dachboden springen und abhauen. Der Bauer hatte mir zu dieser Vorsichtsmaßnahme geraten.

Derweil schienen mich die Läuse bei lebendigem Leibe aufzufressen. Ich litt unter einem solchen Juckreiz, dass ich glaubte, verrückt zu werden. Ich musste ohne etwas laken- oder matratzenähnliches auf dem Brett schlafen. In Kriegszeiten hatte jeder Lumpen einen Wert, und ich hatte nichts, auf das ich mich betten konnte. Ich schlief wie im Fieber, von Angst heimgesucht. Jede Nacht ging ich zum Betteln in das nächste Dorf – Podubje. Es war ein ukrainisches Dorf, und die jungen Männer hatten sich den Deutschen angeschlossen, um im Krieg zu kämpfen, deshalb bewegte ich mich unter den alten Leuten, die übrig geblieben waren, und bettelte bei ihnen. Manche hatten Mitleid mit mir – es gab hier ein paar Kartoffeln, dort einen kleinen Kohlkopf. Die Dorfhunde waren keine direkte Bedrohung, doch sie verdarben mir das Betteln. Wenn ein Hund anfing zu bellen, stimmten alle anderen Hunde mit ein. So wussten die Bauern, dass ein Fremder im Dorf war, blieben in ihren Häusern und verriegelten die Türen. Niemand kam heraus. Sie hatten Angst vor den Partisanen, und die Nächte gehörten den Partisanen. Müde schleppte ich mich jedes Mal mit dem, was ich ergattert hatte, zurück zu meiner Bank auf dem Dachboden. Ich schlief vor schierer Erschöpfung.

Ein paar Stunden später, wenn der Hahn krähte, erwachte alles wieder zum Leben. Das Haus wurde lebendig; die Familienmitglieder bekreuzigten sich und sprachen ihre Gebete. Und wie immer warfen sie mir beim Beten unheilvolle Blicke zu. Ihre Religion verbot es ihnen, einen anderen Menschen zu töten, doch sie wollten mich loswerden, deshalb gaben sie mir fast nichts zu essen, obwohl es mir durch das Betteln gelang, etwas Essen zu beschaffen. Ich begegnete dem, indem ich einen Teil des erbettelten Essens immer gleich aß, bevor ich «nach Hause» zurückkehrte. Sie blickten sogar neidvoll auf meinen Pullover und bemerkten, dass er dem Schwiegersohn gut passen würde. Doch wie der Volksmund sagt, kann ein Bettler nicht wählerisch sein. Wenigstens hatte ich es warm und einen Platz, auf den ich mein Haupt betten konnte. Ich lebte noch, und das war es, was zählte. Ich wollte überleben, um die Partisanen zu finden und mich ihnen anzuschließen. Und ich wollte überleben, um der Welt von Sobibor zu berichten.

Jede Nacht, in der ich mich auf Essensjagd machte, fragte ich die Bauern, ob sie von Partisanen in der Gegend gehört hätten. Einmal kam ich zu einem Haus und traf dort auf bewaffnete Juden, die sich Essen beschaffen wollten. Doch sie wollten mir nicht sagen, wo sie sich versteckten. Sie wollten nichts mit mir zu tun haben. Sie hatten vom «Sobibóru» gehört und fürchteten, dass wenn alle von mir als einem Überlebenden des schrecklichen Todeslagers wüssten, die Deutschen früher oder später darauf kämen, eine besondere und massive Operation zu starten, um mich aufzuspüren. Ich flehte die bewaffneten Juden an, mir zu erlauben, mit ihnen zu gehen; ich bat sie darum, sich meiner zu erbarmen, doch es war vergebens.

Die Bauern im nächsten Dorf, Aleshov, sagten mir, die Russen würden sich an der Front gut schlagen. Sie gaben mir Milch und einen großen Laib Brot. Wenn es bei den Russen an der Front gut lief, wurde ich meist besser behandelt. Ich atmete wieder etwas auf. Die Tage verbrachte ich damit, aus der winzigen Öffnung auf dem Dachboden nach draußen zu schauen.

Kurz vor Silvester sagte mir der alte Bauer, ich müsse eine Weile oben auf dem Dachboden bleiben, weil bald die Feierlichkeiten beginnen würde. Ungeachtet seiner Armut hatte er für die Feierlichkeiten einen großen Topf «Bimber» (ein starkes alkoholisches Getränk) vorbereitet, um die fremden Leute zu versorgen, die vorbeikommen würden. Sie durften nicht wissen, dass er in seinem Haus einen Juden versteckte.

Also blieb ich in meinem Versteck auf dem Dachboden. Einmal am Tag brachten sie mir Trinkwasser und drei kleine Kartoffeln. Sie hofften, ich würde verhungern; sie waren mich leid. Und sie hatten Angst. Nachts hörte ich die schönste Musik; die Bauern tanzten, sangen und zechten, während ich oben auf dem Dachboden weinte. Die Bank war von meinen Tränen durchtränkt. Ich holte die Fotos heraus, die mir geblieben waren – Erinnerungen an ein vergangenes Leben, die ich durch die schlimmste Hölle gerettet hatte –, und drückte sie an meine Brust. Ich erinnerte mich an meine Mutter und meinen Vater, meine Frau und meine Kinder, an unser kleines Heim. Das war meine Familie gewesen, und nun feierten unten andere Familien, während ich ganz allein auf der Welt war. Ich konnte nicht laut weinen – das war zu gefährlich –, doch die Tränen liefen mir nur so übers Gesicht. Stundenlang bebte mein Körper unter der Last meines Kummers, und allein die Fotos waren stumme Zeugen meiner Trauer. Ich hörte, wie sie dem Hund zuriefen: «Buket, Buket, friss, friss!» Wahrscheinlich warfen sie ihm Speisereste zu. Ich hörte auch, wie sie die einzige Kuh riefen, die ihnen gehörte. Die Tiere bekamen regelmäßig zu essen – drei- bis viermal am Tag –, doch für mich gab es fast nichts. Mir warfen sie einmal am Tag winzige Kartoffeln hin. Es reichte kaum zum Leben, aber auch nicht zum Sterben. Das Wasser, das sie mir gaben, reichte auch nicht, und ich hatte immer Durst. Manchmal dachte ich daran, diesen Ort zu verlassen. Doch wohin sollte ich gehen? Solange ich dort war, hatte ich ein Dach über dem Kopf, wenigstens hatte ich es warm. Das

Schlimmste in jenen Tagen war meine eigene seelische Verfassung – die Gedanken an meine Familie und Freunde, ja, meine ganze Welt –, die mich so quälte. Und die ganze Zeit konnte ich die Leute unter mir hören, wie sie betrunken sangen und weiterzechten.

Das Ganze dauerte etwa sieben oder acht Tage. Dann sagten sie mir endlich, ich könne wieder runterkommen. Ich nahm meinen Knüppel und machte mich in der Dämmerung auf den Weg, um um Brot zu betteln. Ein paar Bauern gaben mir Essen, das ich der Familie brachte, die mir Zuflucht gewährte. Sie stürzten sich begierig auf das Essen, weil sie großen Hunger hatten. Sie ließen mir einen kleinen Teil übrig. Ich wappnete mich ständig für alle Eventualitäten, damit ich vorbereitet wäre, wenn das Schlimmste eintrat. So bin ich; so habe ich es immer gemacht. Es ist eine Art Aberglauben, der mich mit dem Schlimmsten rechnen lässt, damit die Dinge letztendlich doch nicht ganz so schlimm ausgehen. Es gab viele kleine Hinweise darauf, dass der Bauer und seine Familie froh gewesen wären, wenn ich starb. Sie wollten mich los sein. Der Bauer fürchtete, dass die Deutschen mich ausfindig machen würden, doch sein Glaube hinderte ihn daran, mich zu töten. Er wurde sehr nervös und begann, viel zu trinken; er fing auch an, regelmäßig zu weinen. Wenn er betrunken war, erzählte er mir, wie sehr er sich vor den Deutschen fürchtete. Als ich eines Tages auf dem Dachboden auf meinem Brett lag und aus dem kleinen Loch spähte, kam er herauf und rief: «Sobibóru, die Deutschen sind im nächsten Dorf! Sie sagen, sie sind hierher unterwegs, um einen versteckten Juden zu finden! Du musst hier weg! Schnell! Sofort!» Hätte er mir ein Messer in die Brust gerammt, ich wäre kaum unglücklicher gewesen. Ich war von Panik ergriffen und stürzte am helllichten Tag wie ein wildes Tier aus dem Haus. Ich kann die Intensität meiner damaligen Panik kaum beschreiben. Ich tauchte in einen Wald und blieb dort, bis es Nacht wurde. Dann näherte ich mich behutsam einem Dorf, das ich kannte und das Onancze hieß. Ich suchte mir willkürlich irgendwelche Häuser aus und bettelte um etwas zu essen. Ich bekam ein paar rohe Kartoffeln und ein Stück Brot, die ich in den Sack steckte, den ich immer bei mir hatte.

Wie gewohnt, ging ich beim Betteln systematisch vor. Ich ging zu einem Haus, danach wandte ich mich aber nicht zum nächsten gleich daneben, und auch nicht zum übernächsten, weil ich fürchtete, beobachtet zu werden. Die Hunde bellten fürchterlich, aber daran war ich inzwischen gewöhnt. Nach einer Weile kehrte ich zum Haus «meines» Bauern zurück. Als sie mich sahen, fielen sie auf die Knie und bekreuzigten sich. Sie sahen mich voller Abscheu an; sie waren offensichtlich sehr enttäuscht, dass ich zurückgekommen war. Ihre Enttäuschung wurde durch ihre Armut allerdings etwas abgemildert. Sie griffen nach meinem Sack und verschlangen gierig fast alles, was ich erbettelt hatte. Die Geschichte der Deutschen im nächsten Dorf war ein Märchen, das sie erfunden hatten, um mich loszuwerden. Ihr Plan hatte jedoch nicht funktioniert. Ich war wieder da.

Als es eines Abends finster wurde, entfernte ich mich wieder einmal von der winzigen Öffnung, die am Tage mein Fenster zur Welt draußen war. Der Bauer spielte mit seiner Familie unten Karten. Mir fiel nicht auf, dass irgendetwas nicht stimmte. Plötzlich erschien ein fremdes Gesicht am Eingang zum Dachboden. Der Fremde schwang sich hinauf und kam zu mir herüber. Ich war sehr beunruhigt, als ich merkte, dass er ein Gewehr trug. Er gab mir einen freundlichen Schlag auf den Rücken, nannte mich «Freund» und sprach auf Ukrainisch mit mir. Er erklärte, er sei ein Bandit, ein Gauner. Er hatte einen Partner, der mit ihm Raubzüge machte, doch dieser Partner war von wütenden Bauern getötet worden. Zu jener Zeit gab es viele Banden von zwei bis vier Männern, die herumzogen und raubten, plünderten und mordeten. Er sagte mir, sie würden alles stehlen, was sie in die Finger bekämen; sie seien nicht sehr wählerisch. Er sagte, von nun an sei ich sein neuer «Partner» und wir würden gemeinsam auf Raubzug gehen. Aus seinen Worten reimte ich mir zusammen, was geschehen war. Ich hatte dem alten Bauern Schmuck gegeben, als er mir zuerst Obdach gewährte. Er wusste, dass ich ein paar kleine Stücke übrig hatte und musste das seinem Schwiegersohn erzählt haben, der es gegenüber dem Ukrainer erwähnt hatte. Der ukrainische Bandit dachte, er habe in mir ein leichtes Opfer gefunden. Das Angebot, sein «Partner» zu werden, war bloß eine Falle; er wollte mich in den Wald bringen und dort töten.

Der alte Bauer, der noch immer unten war, hatte alles mitgehört. Er bat den Ukrainer herunterzukommen. Flucht war für mich ausgeschlossen. Sie saßen lange zusammen, und ich saß oben auf meiner Bank und wagte nicht, mich zu bewegen. Ich konnte den stechenden

Geruch des «Bimber» riechen. Sie mussten viel davon getrunken haben. Ich konnte auch hören, wie jemand weinte. Der alte Baptist fing immer an zu weinen und krampfhaft zu schluchzen, wenn er betrunken war. Doch dabei verlor er nie die Kontrolle. Er konnte noch immer klar denken. Schließlich kletterten der Bandit und der heulende alte Baptist zu mir herauf. Sie waren beide ziemlich betrunken. Der Bandit sagte zu mir: «Also, Jude, komm mit mir in den Wald.» Er hatte offensichtlich vor, mich zu erschießen. Ich fing an, fürchterlich zu weinen. Ich fiel vor dem alten Baptisten auf die Knie und flehte ihn an: «Du bist ein frommer Mann, das weiß ich. Du weißt, dass ich aus der Hölle gekommen bin; ich habe dir alles erzählt. Du weißt, wo ich gewesen bin. Du glaubst an Gott, du glaubst an deine Religion – willst du für immer dein Gewissen mit dem belasten, was jetzt gleich mit mir passiert?» Als der alte Baptist dies hörte, setzte er sich nochmals mit dem Banditen hin, um eine Runde zu zechen. Schließlich bat er ihn zu gehen. Der Bandit sagte auf Ukrainisch: «Keine Sorge, ich komme wieder!»

In der nächsten Nacht floh ich aus diesem Haus. Ich baute mir ein neues Versteck im Wald. Ich machte meine Runden in den Dörfern, die ich inzwischen gut kannte, und bettelte um Brot. Wenn ich bei den Bauern bettelte, sagten mir manche, ein Ukrainer sei auf der Suche nach mir. Er fragte bei den Bauern ständig nach, ob sie mich beim Betteln gesehen hätten. Er schien unermüdlich nach mir zu suchen. Er wollte mich erledigen. Ich litt sehr im Wald, weil die Nächte immer kälter wurden. Meine allgemeine Verfassung verschlechterte sich rasch. Ich hatte mich im Haus des alten Baptisten – relativ gesehen – körperlich erholt, doch nun baute ich wieder rapide ab. Die Kälte fraß sich in meine Knochen. Ich würde es nicht lange durchhalten, wenn ich bei klirrender Kälte im Wald übernachtete.

Ich rang lange mit mir, bis ich schließlich zu dem Baptisten zurückkehrte und ihn fragte, ob der Ukrainer mich bei ihnen gesucht habe. Er sagte, der Bandit sei noch nicht dort aufgetaucht. Er konnte mir jedoch sagen, dass der Ukrainer sich in den Nachbardörfern immer wieder nach mir erkundigt hatte. Ich erzählte dem alten Baptisten, was alles passiert war, seit ich ihn verlassen hatte, und flehte ihn an, mich zurück in sein Haus kommen zu lassen. Er konnte sehen, wie schlecht ich aussah, und hatte Mitleid mit mir. Er erlaubte mir, an meinen Platz auf der alten Bank auf seinem Dachboden zurückzukehren, und damit kehrte ich in mein Leben als unwillkommener Gast und nächtlicher Bettler zurück.

Während ich mich dort versteckte, machte es mir am meisten zu schaffen, mich abends schlafen zu legen. Ich fürchtete, während ich schlief, würde der Ukrainer auftauchen. Als ich eines Abends gerade dabei war einzuschlafen, hörte ich Kratzgeräusche am Fenster. Der Ukrainer versuchte, ins Haus einzusteigen. Ich hielt die Augen geschlossen, doch ich bildete mir das Geräusch, das vom Fenster kam, nicht ein. Als ich die Augen öffnete, bestätigten sich meine schlimmsten Befürchtungen. Ich sprang auf und schrie auf Polnisch: «Hilfe, Hilfe! Er ist hier! Hilfe!» Der alte Baptist kam zu mir geeilt. Ich schnappte mein kleines Kleiderbündel und rannte aus dem Haus in den Wald. Ich lief in meiner Unterwäsche. Draußen war es sehr kalt, und ich zitterte am ganzen Leib. Ich versteckte mich eine ganze Nacht und den folgenden Tag im Wald. Die ganze Zeit dachte ich nur an eines: die Partisanen zu finden. Mit ihnen hätte ich wenigstens Gelegenheit, mich zu rächen. Ich machte mir nie Gedanken über ein besseres Leben in der Zukunft. Ich dachte nur an Rache. Dauernd! Zwanghaft!

Als ich schließlich anfing, in dem Wald umherzulaufen, hörte ich bedrohliche Geräusche. Als ich mich ins Gebüsch flüchtete, sah ich zwei Bauern, die mit Äxten umherschlichen. Ich dachte, sie seien mir auf den Fersen, deshalb verharrte ich weiterhin im Gebüsch, als sie längst vorbeigezogen waren – bis zur folgenden Nacht. Dann erhob ich mich und machte mich auf den Weg in eines «meiner» Dörfer. Einige Bauern gaben mir ein paar rohe Kartoffeln und Trinkwasser. Ich kehrte in den Wald zurück und röstete die Kartoffeln über einem kleinen Feuer. Sie waren unbeschreiblich köstlich. Nur ein Verhungernder wie ich es damals war, weiß Essen wirklich zu schätzen. Die Läuse machten mir jedoch sehr zu schaffen; sie quälten mich pausenlos mit ihren Bissen. Ich fand einen kleinen Bach, in dem ich mein Hemd wusch. Seife hatte ich keine, doch ich hoffte, dass die Läuse vielleicht ertrinken würden. Als das Hemd trocken war, zog ich es über und begab mich ins nächste Dorf. Mehr als einer der Bauern sagte mir, dass ein Ukrainer in der Gegend umherschlich und fragte: «Wo ist der Jude, der Sobibóru heißt?» So wurde ich in den Dörfern genannt, die 40 bis 50 Kilometer von Sobibor entfernt lagen. Die Bauern fragten mich: «Warum ist der Ukrainer denn so hinter dir her? Was will er von dir?»

Ich erwiderte, ich wisse nicht, was er wolle. Hätte ich Schmuck oder Gold erwähnt, wären mir sofort 15 oder 20 weitere solcher Banditen auf den Fersen gewesen.

Inzwischen war ich sehr nervös. Wann immer irgendwo ein Ast knackte oder Zweige raschelten, erstarrte ich. Ich dachte, vielleicht wäre es nun mit meinem Glück zu Ende; vielleicht war meine Zeit einfach abgelaufen. Ich war völlig niedergeschlagen. Was für ein Leben – Hunger, Kälte und schreckliche Angst. Möglicherweise war es an der Zeit, aufzugeben und mein unglückseliges Leben zu beenden! Doch auch der Gedanke daran, die Partisanen zu finden, trieb mich in jener Zeit noch mehr an als je zuvor. Wenn ich sie fände, könnte ich Rache nehmen! Ich würde all jene wehrlosen Juden rächen, die gegen die deutschen Bestien und ihre willigen «Helfer» keine Chance gehabt hatten. Ich würde meine Schwester rächen, die von Hunden zerfetzt worden war, meine Mutter, meinen Vater, meine Frau, meine Kinder! Der Wunsch nach Rache war alles, was mir noch geblieben war. Doch dies reichte, um mich am Leben zu halten. Es war Grund genug weiterzuleben.

Es gab viele starke Schneefälle. Dann musste ich in meinen Behelfsunterkünften – oder, genauer gesagt, Löchern – bleiben, weil man im frischen Schnee die Spuren meiner Schuhe sehen würde. Dann war ich bis auf die Knochen durchgefroren, konnte mich nicht bewegen, war hungrig und zitterte. Wenn ich so in meinem Loch zusammengerollt lag, zog ich mir oft die durchlöcherten Schuhe aus und rieb mir die Füße, damit sie nicht einfroren. Meine Füße waren immer kalt, und ich stellte fest, dass das Reiben half. Hätte ich dies nicht getan, wäre ich erledigt gewesen.

So vergingen die Tage und Nächte schleppend. Ich wagte nicht, erneut zu dem alten Baptisten und meiner Bank auf dem Dachboden zurückzukehren. Der ukrainische Bandit würde mich dort mit Sicherheit finden. Ich hörte von verschiedenen Bauern, dass er sich bei ihnen weiterhin nach meinem Aufenthaltsort erkundigte. Doch dann kam die gute Nachricht. Ein Bauer erzählte mir, dass der Ukrainer sie dauernd überfallen habe. Sie waren arme Leute, die sehr wenig besaßen und es sich nicht leisten konnten, irgendetwas zu verlieren. Also taten sie sich zusammen, stellten eine Falle und brachten «meinen» ukrainischen Banditen um. Das war damals eine wirklich gute Nachricht für mich. Ich hatte in ständiger Angst gelebt, fürchtete das Rascheln der Zweige, die Bewegung von Schatten, das Bellen der Hunde. Ich war ständig auf der Hut, ein Zustand, den Tiere dauernd erleben müssen, immer in der Angst vor feindlichen Räubern. Daher freute mich die Neuigkeit sehr, die mir der Bauer mitteilte. Damit war wenigstens einer der Hauptgründe für meine Angst aus dem Weg geräumt. Ich ließ mir meine Freude über den Tod des Ukrainers jedoch nicht anmerken. Möglicherweise würde das ihre Neugier wecken und dann ...

Ich zog weiter zu einem Dorf, das ich schon einmal besucht hatte: Aleshov. Draußen war es furchtbar kalt, und wie immer bellten die Hunde. Ich hatte keine Angst mehr vor ihnen. Ich hatte meinen Knüppel, und wenn irgendein Hund versuchte, mich zu beißen, bekäme er die ganze Wucht davon zu spüren. Einmal schlug ich einen bösartigen Hund so gewaltig, dass seine Schmerzensschreie sicher noch drei oder vier Kilometer weiter zu hören waren. Die Bewohner des ersten Hauses, dem ich mich näherte, sagten, sie hätten kein Essen übrig. Als Nächstes ging ich vier Häuser weiter, und dort gab mir eine Frau ein Stück Brot und ein großes Glas Milch. Ich dankte ihr sehr überschwänglich. Sie sah mich ständig so an, als wolle sie mir etwas sagen, sich aber nicht ganz dazu durchringen könne. Ich fragte sie, ob sie wisse, ob es in der Gegend Partisanen gebe. Sie antwortete, sie habe von einer Partisanengruppe gehört, die entweder in diesem oder im nächsten Dorf aktiv war – sie war sich nicht sicher und wusste nicht genau, wo sie sich aufhielten.

Ich war in Hochstimmung, als ich die Frau verließ. Jetzt war ich ganz nah dran! Die Rache war in greifbarer Nähe! In der Nacht suchte ich das gesamte Dorf nach den Partisanen ab, hatte aber keinen Erfolg. Ich war erschöpft, meine Schuhe waren kaputt und mein Gewand völlig durchlöchert. Ich streifte weiterhin im Dunkeln umher, in der Hoffnung, doch noch etwas Glück zu haben, doch ich fand nichts und niemanden. Als ich jedoch das Dorf in Richtung Wald verließ, sah ich in der Ferne eine Gruppe von Leuten, eine Menschenmasse. Mein Herz setzte ein paar Mal aus. Ich ging näher heran, um besser sehen zu können, und ganz plötzlich tauchte jemand vor mir auf und bellte: «Halt, oder ich schieße!» Ich weiß bis heute nicht, was mit mir los war, aber ich ging einfach weiter. Wieder rief er: «Halt!» Die Bedeutung seiner Worte kam einfach nicht bei mir an – vielleicht war mein

Erschöpfungszustand schon zu weit fortgeschrittenen, oder ich war einfach zu niedergeschlagen. Ich war zu der Zeit in einem Zustand völliger Verzweiflung. Wie ein Roboter ging ich direkt auf den Mann zu, der am Rand des Partisanenlagers Wache hielt. Ich hatte Glück, dass er nicht schoss; er packte mich bloß an den Schultern, tastete mich rasch nach versteckten Waffen ab und drückte mich in eine Sitzposition herunter. Er sagte mir später, dass ich um Haaresbreite erschossen worden wäre; sein Finger war auf dem Abzug, und er hatte mich im Visier, als ich auf ihn zutrottete. Er sagte, meine Erscheinung habe ihn schließlich vom Abdrücken abgehalten – ich sah viel zu abgekämpft und mitleiderregend aus, um irgendeine Bedrohung darzustellen.

Die Partisanen hatten dort ein ganzes Haus besetzt. Ein paar Männer holten mich und schoben mich in ein kleines Zimmer, das gut bewacht war. Ich wurde lange verhört und musste alles aus meiner Vergangenheit – und ich meine alles – ständig wiederholen. Und dann noch einmal. Und meine späteren Berichte wurden mit meinen ersten abgeglichen, falls sich daraus Ungereimtheiten ergeben sollten. Die ganze Zeit waren Waffen auf mich gerichtet. Nach einer Weile begriff ich, dass ich zu einer Gruppe «offizieller» sowjetischer Partisanen gestoßen war, die von Dadia Pjetscha angeführt wurde.

Nach ein paar Tagen kam ein Arzt zu mir. Er war Jude und sprach Jiddisch. Er untersuchte mich sorgfältig, doch das war nicht der eigentliche Grund für seinen Besuch. Ich war schon von einigen anderen Ärzten ziemlich gründlich untersucht worden. Während er mich «untersuchte», unterhielt er sich auf Jiddisch mit mir. Er überprüfte den Wahrheitsgehalt meiner Geschichte. Die Juden aus Chełm sprechen eine bestimmte Art von Jiddisch, in der viele ukrainischen Wörter vorkommen. Jiddisch wird in vielen Dialekten gesprochen, und der Arzt wollte überprüfen, ob das Jiddisch, das ich sprach, mit den Einzelheiten meiner Lebensgeschichte korrespondierte, die ich ihnen erzählt hatte. Die Leute waren damals sehr misstrauisch, und die Partisanen waren ganz besonders auf der Hut vor Spitzeln.

Nachdem der Arzt gegangen war, bekam ich eine reichhaltigere Mahlzeit. Am nächsten Tag durfte ich das Zimmer verlassen, und man gab mir ein Gewehr und Patronen. Sie begutachteten meine Schießkünste. Ich hatte an einer militärischen Ausbildung teilgenommen, deshalb konnte ich schießen und wusste, wie ein Gewehr ordentlich instand gehalten wurde. Ich glaube, für meine «Lehrer» war nicht zu übersehen, wie begierig ich darauf war, in den Kampf zu ziehen.

Meine erste Konfrontation mit dem Feind hatte einen etwas seltsamen Hintergrund. Wir hatten unser Lager in der Nähe eines kleinen Dorfes, das als pro-nazistische Hochburg bekannt war. Wenn der Befehl gegeben wurde, sollten wir das Dorf stürmen und es säubern, das heißt, die Deutschen und ihre «Freunde» beseitigen. Eines Abends sagte unser Kommandant, er wolle das Dorf vor dem Angriff auskundschaften. Einige weitere Partisanen folgten ihm, doch seinem Befehl folgend, hielten sie Abstand. Plötzlich begann unser Kommandant, seinen Schimmel wie verrückt mit der Rute zu schlagen, sodass dieser direkt in das feindlich besetzte Dorf galoppierte. Die anderen Partisanen sahen dem Schauspiel bestürzt zu. Unser Kommandant war von einem Augenblick zum anderen fort, bevor man etwas unternehmen konnte, um ihn aufzuhalten. Den Gerüchten zufolge, die später unter uns kursierten, war er ziemlich betrunken gewesen.

Als unserem Oberkommando kurz darauf von dem Unglück berichtet wurde, wurde unsere gesamte Otryad (Militäreinheit) mobilisiert, und wir erhielten den Befehl, das Dorf anzugreifen und unseren Kommandanten tot oder lebendig herauszuholen. Wir kämpften fast die ganze Nacht gegen den Feind, der um jedes Haus und jede Hütte kämpfte. Die Deutschen traten langsam den Rückzug an und mussten schwere Verluste hinnehmen. Auch wir erlitten Verluste, doch ich hatte ein Hochgefühl. Ich hätte bei diesem ersten Einsatz Angst haben müssen, doch dem war nicht so. Ich trug jetzt eine Waffe und war umgeben von Menschen, die dasselbe Ziel verfolgten wie ich: Es den Deutschen und ihren Kollaborateuren für alles, was sie unschuldigen Frauen und Kindern angetan hatten, heimzuzahlen. Das Pfeifen der schwirrenden Gewehrkugeln klang wie Musik in meinen Ohren. Das hört sich heute vielleicht etwas eigenartig an, aber damals war es so für mich. Lange war ich weniger als eine Kakerlake auf dieser Erde gewesen. Für fast jeden, ob Soldat oder Zivilist, war ich Freiwild gewesen. Mein Leben war ein von Verrätern und Banditen bevölkerter Albtraum gewesen. Und jetzt konnte ich zurückschlagen! Ja, ich könnte fallen, doch es wäre im Kampf, während ich den Deutschen und ihren

Kollaborateuren eine überfällige Schuld zurückzahlte. Ich war zum ersten Mal seit Langem glücklich.

Nachdem wir das Dorf eingenommen hatten, durchsuchten wir jedes einzelne Haus, jede Hütte, jede Scheune und jeden Stall nach unserem Kommandanten. Doch es war vergebens – wir fanden ihn nicht. Die Deutschen mussten unseren Anführer bei ihrem Rückzug mitgenommen haben. Wir brannten das gesamte Dorf nieder.

In einem großen Wald nahmen wir unsere neue Stellung ein. Die Deutschen überflogen ständig das Gebiet, um Partisanen aufzuspüren. Wir gruben Löcher und verschanzten uns unter dichten Bäumen, die uns Deckung boten. Wir waren immer bereit, schnell weiterzuziehen; unsere Lebensmittel und Munition transportierten wir auf Pferden. Wir waren in ständiger Bereitschaft, und jeder Partisan hatte sein vollgeladenes Gewehr Tag und Nacht bei sich. Es wäre unmöglich gewesen, uns zu überraschen.

Unser Oberkommando schickte Partisanengruppen los, um die Stellungen des Feindes auszukundschaften. Nach ein paar Tagen erhielten wir den Befehl, einzurücken und ein kollaborierendes Dorf anzugreifen. Dieses Dorf hatte einen furchtbaren Ruf; seine ukrainischen Bewohner hatten große Freude daran, einsame und vereinzelte jüdische Überlebende und andere «Feinde des Reichs» zur Strecke zu bringen. Es gab jedoch ein Problem. Das Dorf war nur über eine Brücke zu erreichen, die von den Deutschen schwer bewacht wurde. Wir beschafften uns Holz aus dem Wald und bauten Teile für eine schmale provisorische Brücke. Im Schutz der Nacht transportierten wir die schweren Teile an eine unbewachte Stelle des Flusses und setzten sie dort zusammen. Als die Brücke fertig war, überquerten wir sie alle gemeinsam. Die Ukrainer waren überrumpelt; sie hatten ihre Stellung für unangreifbar gehalten, weil die Deutschen sie beschützten. Nach einem kurzen Kampf traten sie den Rückzug an, und im Dorf blieben nur alte Leute zurück.

Wir hatten strenge Anweisungen. Den ukrainischen Kollaborateuren konnten wir nehmen, was immer wir wollten. Den anständigen Dörflern, insbesondere den ukrainischen Baptisten, durften wir nichts wegnehmen. Ich ging in ein Haus und «beschlagnahmte» ein gutes Paar Stiefel. Meine eigenen Stiefel waren völlig durchlöchert. Ich «lieh» mir außerdem ein Hemd und eine Hose. Meine Kleidung war verlaust und hatten überall Löcher. Wir hatten nun auch Hunger, weil uns Eier, Käse usw. ausgegangen waren. Und so schlangen wir wie verhungerte Wahnsinnige alles Mögliche herunter. Ich aß bestimmt acht oder zehn Eier auf einmal. Wir beluden einen Wagen mit Schnaps und anderen guten Sachen. Wir deckten uns auch mit Waffen und Munition ein, da wir im Dorf ein Waffenlager entdeckten. Dann zogen wir uns zurück und marschierten die ganze Nacht. Beweglichkeit war unsere wichtigste Waffe – wir mussten immer in Bewegung bleiben. Ich und zwei andere Partisanen wurden damit beauftragt, 14 Rinder zu hüten. Das war nicht so leicht – einige liefen uns davon, um in ihr Heimatdorf zurückzukehren. Wir drei machten uns Sorgen, was unsere Kommandanten dazu sagen würden, doch in der Eile und dem Durcheinander blieb das Fehlen von ein paar Kühen unbemerkt. Als wir am nächsten Morgen endlich Halt machten, waren wir todmüde. Ein paar Partisanen kamen, suchten sich eine Kuh aus und führten sie zum Schlachten fort. Ein paar Stunden später bekam jede Gruppe von jeweils fünf Männern einen großen Topf Rindereintopf. Was für eine Delikatesse! Wir aßen wie die Könige.

Unser Festessen war eine Seltenheit, denn wir wurden fast täglich von den Deutschen mit Bomben beworfen, sodass wir nicht kochen konnten. Ein Feuer hätte unsere Stellung preisgegeben. Wie viele meiner Partisanenbrüder mochte ich es nicht, mich im Wald einzugraben und zu verstecken. Wir waren erpicht darauf, mit den verdammten deutschen Mördern und ihren ukrainischen Helfern zu kämpfen. Wir lebten für die Rache, und unser Leben war uns nicht viel wert. Es zählte nur eines: Rache!

Nach einigen Tagen lag in unserem Lager eine ungewöhnliche Spannung in der Luft. Es war etwas im Gange. Wir fanden bald heraus, was es war. Ein Zug voller deutscher Soldaten sollte auf der Bahnstrecke dicht an unserem Wald vorbeifahren. Unsere Kommandanten kannten den genauen Zeitpunkt der Durchfahrt des Zuges. 25 von uns wurden ausgewählt, um eine Schlüsselrolle zu spielen, und ich war einer dieser 25 Männer. Jeder von uns erhielt eine Landmine. Wir gruben uns Verstecke nicht weit von den Gleisen entfernt. Zu nah durften wir nicht sein. Unsere Kameraden versteckten sich in Löchern hinter uns. Zum richtigen Zeitpunkt – das Timing musste absolut perfekt sein – sprangen wir heraus und vergruben unsere Landminen im Gleisbett. Dann machten wir kehrt und rannten zu unseren vorbereiteten Stellungen zurück. Wir warteten, und die Luft war wie elektrisch geladen.

Plötzlich hörten wir ein Geräusch von Metall auf Metall, das immer lauter wurde. Der Zug rollte an! Als das Geräusch ganz nah war, hörten wir eine heftige Explosion, die die Erde erbeben ließ. Wir stürzten aus unseren Verstecken und stürmten den Zug. Er war größtenteils zerstört worden, doch ein paar Waggons, insbesondere die am Ende des Zuges, standen noch immer aufrecht auf den Schienen. Viele Deutsche waren in den Trümmern umgekommen, doch einige hatten überlebt. Sie flohen in den Wald, wo sie von unseren Partisanenbrüdern erwartet wurden.

Wir jagten die uniformierten Deutschen wie Kaninchen. Viele hatten durch die Explosion Verletzungen davongetragen, doch sie versuchten trotzdem zu entkommen. Die arischen Herrenmenschen bluteten wie die Schweine! Lassen Sie sich nichts anderes einreden – Rache ist tatsächlich süß. Ein ganzes Volk hatte sich dem Ziel verschrieben, meine Brüder und Schwestern auszulöschen, und nun konnte ich ihnen das antun, was sie so reichlich verdienten. Ich genoss jede Minute davon. Fünf verwundete deutsche Oberoffiziere wurden gefangen genommen und neben unseren Kommandanten aufgestellt. Ich erhielt den Befehl, sie bis zu ihrem Verhör zu bewachen. Einer flehte mich an: «Bring uns einen Arzt! Sicher kennst du die Genfer Konvention für Kriegsgefangene! Sei doch fair! Wir sind verwundet! Wir verlangen medizinische Hilfe – sofort!» Mir stieg das Blut in den Kopf. «Ihr seid Bestien!», brüllte ich sie an. «Ihr habt meine Frau und Kinder umgebracht! Habt ihr bei ihnen die Genfer Konvention angewandt? Ihr seid eine Bande von Mördern!» Ich schlug einen von ihnen kräftig mit meinem Gewehrkolben. An einen anderen gewandt, fragte ich, ob er von Sobibor und den anderen Tötungslagern gehört hätte. «Dort vergast ihr Monster unschuldige Menschen», sagte ich zu ihm. «Ihr habt unsere Frauen und Kinder in Rauch verwandelt. Was hätten sie euch denn jemals tun können?», schrie ich. Und ich schlug ihn ebenfalls mit voller Wucht mit meinem Gewehrkolben. Ich war dabei, völlig die Nerven zu verlieren. Zum Glück beobachtete mich ein Partisanenkamerad aus dem Augenwinkel und kam zu uns herübergerannt. Er beruhigte mich. Ich hatte Glück – ein paar Sekunden später, und ich hätte völlig die Kontrolle verloren und diese deutschen Tiere umgebracht. Und ich hatte die Anweisung erhalten, sie zu bewachen, nicht zu töten. So oder so, nach ihrer Befragung erhielten sie die Behandlung, die sie verdienten, und diese war bestimmt nicht von der Genfer Konvention vorgeschrieben. Sie hatten das, was mit ihnen geschah, reichlich verdient.

Wir waren erschöpft, als wir unser Lager erreichten, doch dann erhielten wir den Befehl, dass wir uns sofort 40 Kilometer weiter bewegen sollten. Als wir den Umzug hinter uns hatten, ruhten wir uns drei Tage lang aus. Uns erreichte die Nachricht, dass russische Fallschirmjäger in unserem Gebiet abgeworfen werden sollten. Wir sollten Vorbereitungen für sie treffen. Wir errichteten riesige Holzstöße an bestimmten Punkten, um ein großes Landegebiet zu kennzeichnen. Jedem Haufen wurden mehrere farbige Leuchtsignale zugeteilt. Wenn die Holzstöße mit einer bestimmten Farbe erleuchtet wurden, konnte der Abwurf durchgeführt werden. Jeder Holzstoß sollte jeweils in einer bestimmten Zeit von einem Partisanen bewacht werden, sodass die Haufen in Schichten immer besetzt waren. Jeder Partisan erhielt das Losungswort für den Tag; es wurde verwendet, um jeden zu identifizieren, der sich dem Gebiet näherte. Unsere Anweisungen waren einfach: Das Leuchtsignal einer bestimmten Farbe war der Befehl zum Anzünden der Holzstöße.

Mich hätte es hierbei fast erwischt. Denn wenn ein Partisan schuldig befunden wurde, bei seinem Dienst versagt zu haben, wurde er erschossen. Einer meiner Vorgesetzten war ein Ukrainer, der kein Freund von Juden war. Er hätte mich sehr gerne fertiggemacht, doch ich war äußerst vorsichtig. Er teilte mich für eine Nachtwache an einem der Holzstöße ein, nachdem ich einen besonders harten Tag hinter mir hatte. Als ich also meinen Holzstoß bewachte, hörte ich ihn heranschleichen. Ich fragte ihn nach dem Losungswort, das er mir mitteilte, und er tat so, als sei er gekommen, um den Posten zu überprüfen. Er war jedoch eigentlich in der Hoffnung gekommen, mich schlafend anzutreffen. Er allein konnte mich nicht anzeigen, er brauchte einen Zeugen. Deshalb hatte er einen weiteren Partisanen mitgebracht. Hätte ich tatsächlich geschlafen, wäre ich erledigt gewesen. Am nächsten Tag war ihm seine große Enttäuschung anzusehen, und er funkelte mich immer wieder böse an.

Nach ein paar Tagen fand der Abwurf endlich statt. Die Fallschirmspringer waren sowjetische Oberoffiziere, die sich als Deutsche verkleidet hatten. Mit ihnen wurden Kisten mit Munition abgeworfen, und sie brachten sowjetische Zeitungen mit, die wir begierig verschlangen. Ihre Ankunft gab uns große Hoffnung, denn sie stellten eine Verbindung zur Welt da draußen her, die mit uns gegen die mörderischen Nazis und ihre Kollaborateure kämpfte. Während wir durch die Wälder rannten, hatten wir uns so isoliert, so allein gefühlt. Und nun sahen wir Vertreter unserer Brüder in diesem Kampf um Leben oder Tod. Die Fallschirmjäger blieben nicht lange bei uns, doch sie schienen alle Geheimagenten zu sein und brachten uns gute Neuigkeiten über den Fortschritt des Krieges gegen die Nazis.

Die Deutschen verfolgten uns weiterhin ständig. Sie führten ihre Suche meistens nachts durch und verwendeten dafür kleine Beobachterflugzeuge. Nach Sonnenuntergang konnten wir weder kochen noch ein Feuer anzünden, da uns dies verraten hätte. Wir zogen uns in unsere Höhlen und Bunker zurück und saßen zusammengekauert im Dunkeln. An solchen Tagen wurden Sprengstoffexperten und ihre Helfer in Gruppen losgeschickt. Nach dem, was ich hörte, konnten sie bei den deutschen Truppen, die mit Lastwagen unterwegs waren, einiges an Zerstörung anrichten. Von solchen Einsätzen kamen unsere Männer immer in Hochstimmung zurück. Sie hatten dem Feind einen schweren Schlag verpasst! Viele unserer Männer waren sowjetische Flüchtlinge aus Kriegsgefangenenlagern. Sie waren den Deutschen ausgeliefert gewesen und hatten fürchterlich gelitten, deshalb freuten sie sich über jede noch so kleine Möglichkeit, den Deutschen heimzahlen zu können, was sie ihnen angetan hatten. Sie waren die besten Kämpfer, weil sie dermaßen entschlossen waren, den Deutschen nie wieder in die Hände zu fallen.

Eines Morgens wurden wir durch Schüsse aus dem Schlaf gerissen. Wir waren in der Nacht umstellt worden, als wir uns für gewöhnlich am sichersten fühlten. Wir beluden unsere Pferde mit Lebensmitteln und Munition, doch die Schüsse kamen immer näher und nahmen zu. Die Pferde ragten hoch heraus und boten damit die beste Zielscheibe, sie fielen wie die Fliegen. Unsere Kommandanten befahlen uns, kleine Gruppen zu bilden und uns über den einzig verbleibenden Weg aus dem Wald zu stehlen – ein tückischer Weg, der durch Sumpfgebiet führte. Der Sumpf war so feucht, dass man fast darin versank, doch wir hatten keine andere Wahl – entweder der Sumpf oder der Tod.

Etwas später befand ich mich mit 30 Männern und einem Pferd bis zur Taille im Schlamm. Nach einigen Tagen hatten wir alle Lebensmittel aufgebraucht. Wir töteten das Pferd und aßen das Fleisch. Wir waren alle nass bis auf die Haut und sehr niedergeschlagen. Wir hatten den Kontakt zu unseren Kommandanten und den anderen Gruppen verloren und wagten nicht, uns zu bewegen. Nach einer Woche gab es unter uns Gemurmel, dass wir im Sumpf vor Hunger und Kälte sterben würden. Unser Anführer fragte nach Freiwilligen. Ein paar von uns müssten losziehen und einen Weg aus diesem Schlamassel finden. Ich meldete mich, und zwei weitere Freiwillige gesellten sich zu mir. Sie hatten einen Kompass und eine grobe Karte.

Wir brachen in der Abenddämmerung auf und marschierten die ganze Nacht hindurch, bis wir zurück in den Wald gelangten, wo wir zuletzt postiert waren. Ich näherte mich einem großen Haus und klopfte sehr vorsichtig an die Tür. Meine beiden Kameraden lagen mit ihren Gewehren im Anschlag im nahe gelegenen Gebüsch und warteten darauf einzuschreiten, falls ich Ärger bekam. Eine Frau öffnete. Ich fragte sie: «Sind die Deutschen noch hier in der Gegend?» Sie antwortete: «Nein, sie haben sich vorgestern zurückgezogen.» Ich atmete erleichtert aus. Doch vielleicht log sie mich auch an, deshalb verlangte ich nach ihren Papieren und notierte mir ihren Namen und ihre Adresse. Viele von uns waren schon von scheinbar «freundlichen» Bauern verraten worden, doch nun, da die Deutschen auf dem Rückmarsch waren, wurde es immer weniger wahrscheinlich, dass man uns verriet. Die Landbevölkerung wollte nun zu den Siegern gehören, falls man sie irgendwann für ihr Verhalten zur Rechenschaft ziehen sollte. Auf mein Zeichen hin kamen meine Kameraden hervor. Wir baten die Frau um Brot, Milch und Sauerkraut und brachten den Proviant zu unseren hungrigen Kameraden, zusammen mit der guten Nachricht, dass die Deutschen sich aus der Gegend zurückgezogen hatten. Nach kurzer Zeit verließen wir alle den Sumpf und kehrten in unser ursprüngliches Lager zurück. Bald kamen auch die anderen Gruppen nach und nach zurück, und unsere Otryad hatte wieder ihre ursprüngliche Stärke.

Wir hatten 50 ernsthaft verwundete Männer, doch uns fehlte ein Lazarett. Außerdem machte es das Gebot zur ständigen Mobilität nahezu unmöglich, sie zu pflegen. Unsere verwundeten Kameraden wurden daher bei «freundlichen» Bauernfamilien in der Nachbarschaft untergebracht. Diese Familien sollten unsere Männer so lange verstecken, bis sie sich erholt hatten. Im Gegenzug erhielten die Familien bitter nötige Lebensmittel aus unserem Vorrat. Ich und ein paar andere hatten in dieser Zeit die Aufgabe, diese Familien aufzusuchen und ihnen Essen zu bringen. Dies war ein schwieriger und gefährlicher Auftrag, da man uns nicht sehen durfte und wir ihre Häuser nur nachts aufsuchen konnten. Und es drohte immer die Gefahr, dass die «freundlichen» Bauern die Seiten gewechselt und unseren Kameraden verraten hatten. Diese Einsätze machen mir mehr Sorgen als offene Kampfhandlungen.

Mit dem Näherrücken der Front wurden unsere Wälder zum Einsatzgebiet der Roten Armee. Wir wurden angewiesen, alle Aktivitäten einzustellen und uns in Löchern zu verstecken; dann hörten wir das bedrohliche Donnern schwerer Artillerie. Die Nächte wurden von Granaten erleuchtet, während wir in unseren Löchern und Bunkern lagen. Nach kurzer Zeit, es muss im Februar oder März 1944 gewesen sein, erhielten wir den Befehl, in das Gebiet um Czułczyce vorzudringen. Czułczyce war bereits befreit worden, und ich war überglücklich, weil es in der Nähe von Chełm lag. Ich hatte noch immer die Hoffnung, meine Familie oder ein paar Verwandte zu finden. Ich hatte gehört, dass einige der Juden, die zu Beginn des Krieges nach Russland geflohen waren, nach Chełm zurückgekehrt waren. Ich ging zu meinem Kommandanten, legte ihm meine Situation dar und bat um Fronturlaub, um nach Chełm gehen zu können. Mein Kommandant hatte Verständnis, doch ich wunderte mich über eine Sache. Er beharrte immer wieder darauf, dass ich mein vollgeladenes Gewehr mitnahm. Ich fand es merkwürdig, dass er derart darauf bestand, da die Gegend ja befreit worden war, doch ich gehorchte seinem Befehl, nahm mein Gewehr und machte mich mit meinem zweiwöchigen Passierschein auf den Weg nach Chełm.

Unterwegs fielen mir die ängstlichen Gesichter von Menschen auf, die mich vom Waldrand anstarrten. Sobald sie mein Gewehr erblickten, rannten sie fort. Sie waren wahrscheinlich Juden, die noch nicht wussten, dass sich die Deutschen aus der Gegend zurückgezogen hatten. Es gab einige Juden, die in völliger Isolation im Wald gelebt hatten, ohne Karten, Kompasse oder jegliche Nachrichten von der

Außenwelt. Sie hatten mit nichts und niemandem Kontakt. Ich ging weiter, weil ich noch einen langen, langen Weg vor mir hatte.

Eines Abends kehrte ich in ein kleines Gasthaus am Straßenrand ein, nahm mir dort ein Zimmer und aß zu Abend. Der Wirt fragte mich, wer ich sei und wohin ich wolle. Ich erzählte ihm von Sobibor, den Gaskammern und den Massen unschuldiger Menschen, deren Leben dort ausgelöscht worden waren. Mir kamen die Tränen, als ich merkte, dass er Freude daran zu finden schien, wie ich die brutale Ermordung der unschuldigen jüdischen Frauen und Kinder beschrieb. Er sagte zu mir: «Mach dir keine Sorgen. Jetzt gibt es hier mehr Juden als je zuvor! Ihr vermehrt euch wie die Karnickel! Jetzt habt ihr uns die Russen auf den Hals gehetzt!» Als ich wieder in meinem Zimmer war und mich beruhigt hatte, überlegte ich kurz und beschloss dann, mich aus dem Staub zu machen. Wer wusste, ob der Wirt nicht seine «Freunde» versammeln und mich im Schlaf ermorden würde. Ich konnte dort nicht übernachten. Leise öffnete ich das Fenster und kletterte hinaus. Ich verbrachte diese Nacht in einem kleinen Wald.

Als ich von Dorf zu Dorf zog, fielen mir die zerstörten und verlassenen Viertel auf, in denen einst Juden gelebt hatten. Die Häuser, oder das, was von ihnen übrig war, waren nur mehr baufällige Ruinen. Ich dachte an die Moishelechs und Berelechs, die dort gelebt, gebetet und gehofft hatten. Und mein Herz wollte überlaufen.

Morgens fiel es mir besonders schwer. Ich sah, wie die Polen ihrem normalen Alltag nachgingen – die Kühe auf die Weide führten, ihre Pferde striegelten usw. Und ich sah nicht einen Juden! Die ganze Umgebung erwachte zum Leben, und die Menschen gingen geschäftig ans Werk, doch meine jüdischen Brüder und Schwestern waren nicht unter ihnen. Nur die Ruinen ihrer Häuser zeugten davon, dass sie noch vor Kurzem hier gelebt hatten. Ich sah, dass selbst die jüdischen Friedhöfe geplündert worden waren. Offensichtlich hatten die Bauern die Grabsteine gestohlen, um sie für sich zu nutzen.

Als ich Chełm erreichte, sah ich als Erstes das Haus meines Vaters. Es lag in einem nicht-jüdischen Viertel, deshalb war es nicht zerstört worden. Ich sah, dass dort Leute wohnten. Ein ärgerlich wirkender Mann, der gesehen hatte, wie ich das Haus anstarrte, kam zu mir herüber und fragte schroff: «He du, was willst du?» Seine Augen funkelten voller Judenhass. Ich antwortete: «Nichts.» Ich wandte mich ab und ging. Und weinte. Ich sah, was aus meinem früheren Leben geworden war. Ich lief die vertrauten Straßen entlang bis zu meinem eigenen ehemaligen Zuhause – es war nicht mehr da. Es gab nur noch ein Grundstück mit einem Haufen Schutt. Die gesamte Straße lag in Ruinen. Ich stand vor dem Grundstück, an der Stelle, wo früher der Eingang gewesen war, wo mein kleiner Junge mit seinen Freunden gespielt hatte, mit kleinen Steinen und Stöcken auf den Boden gemalt hatte. Da fühlte ich mich ihm nah. Mein Herz wollte zerspringen, und ich weinte wie ein kleines Kind.

Ich stolperte weiter, ein gebrochener Mann, zum Haus meiner Schwester. Inzwischen lebten dort nur Polen. Der Nachbar meiner Schwester, ein freundlicher Pole, erzählte mir, dass meine Schwester sich mit ihren Kindern im Wald versteckt hatte. Dann hatte ein anderer Nachbar sie verraten, und die Gestapo hatte sie mit Hunden gejagt. Sie und ihre armen, unschuldigen Kinder wurden von den bissigen Hunden in Stücke gerissen. Meinen kleinen Laden gab es auch nicht mehr. Die gesamte Straße war dem Erdboden gleichgemacht worden. In den Seitenstraßen hatten Polen jedoch improvisierte Stände errichtet und betrieben Handel.

Wie soll ich ausdrücken, was ich damals fühlte? Ich erkannte, dass Hitler es nach allem doch geschafft hatte. Die Ungeheuerlichkeit dessen, was passiert war, wurde mir langsam bewusst. Ich war tief betrübt. Ich hörte auf zu essen. Ich hätte eigentlich zu meiner Partisaneneinheit zurückkehren müssen, doch alles lähmte mich dermaßen, dass ich einfach in Chełm blieb, ziellos umherstreifte und in Ruinen schlief. Angesichts der Tragödie, der ich und mein Volk zum Opfer gefallen waren, empfand ich jeden Tag als eine Last, wie einen Berg, den ich bezwingen musste. Doch wozu? Und für wen?

Meine seelische Verzweiflung, meine Appetitlosigkeit und die in Ruinen verbrachten Nächte forderten bald ihren Tribut. Ich erkrankte an einer Art Grippe. Ich lag im Fieberwahn in einer Ruine, wobei sich Halluzinationen mit Albträumen abwechselten. Ich war immer wieder schweißgebadet und konnte mich nicht von der Stelle rühren. Aber es war mir inzwischen egal. Ich weiß nicht, wie lange dieser Zustand andauerte, ob es Tage oder Wochen waren – ich verlor jegliches Zeitgefühl. Als ich wieder auf den Beinen war, zog ich in ein verlassenes jüdisches Haus. Es hatte weder Fenster noch Türen. Ich richtete es so gut ich konnte her. Ich ging zu einem polnischen Sargbauer und erklärte ihm, dass ich ein guter Tischler sei. Im Austausch für meine Arbeitskraft ließ er mich ein paar Bretter zusammenzimmern, um mir daraus ein Bett zu bauen.

Ich traf meine beiden Schwager, die gerade aus Russland zurückgekehrt waren. Sie hatten ebenfalls ihre Frauen und Kinder verloren, und wir weinten gemeinsam. Unsere Welt war tot. Sie blieben zwei Tage und zogen dann weiter. Mir fehlte das Geld, um irgendwohin zu gehen. Ich erkannte jedoch, dass ich nicht in Chełm bleiben sollte, da ich hörte, wie die Polen aus Chełm davon sprachen, die letzten jüdischen Überlebenden umzubringen. Unter den Polen wurde das Gerücht verbreitet, es gebe mehr Juden denn je und sie würden den Polen ihren Besitz wegnehmen. Die Stimmung wurde immer bedrohlicher. Auf der Straße wurden ein paar Juden zusammengeschlagen, und niemand scherte sich darum – die Polen sahen zu und lachten. Zu dieser Zeit gingen viele Juden weg – sie sahen die Schrift an der Wand.

Ich ging nach Wrocław (ehemals Breslau), wo sich eine große Anzahl überlebender Juden eingefunden hatte. Ich teilte ein Zimmer mit einem Mann und fing an, was immer ich konnte zu kaufen und zu verkaufen, um mich über Wasser zu halten. Die Einsamkeit nagte an mir. Fast täglich hörten wir Horrormeldungen von heimkehrenden Juden, die man hier und dort umgebracht hatte. Doch wo sollte ich hin? Ich hatte weder Geld noch einen Ausweis noch Kontakte.

Eines Tages ging ich wie gewohnt zum Markt in Wrocław, um meine armselige «Ware» zu verkaufen. Es war noch immer 1944. Zwei bewaffnete polnische Polizisten kamen auf mich zu und sagten: «Żyd, komm mit uns! Bring deinen Sack mit!» Ich folgte ihnen zur Polizeiwache, wo sie mich nackt auszogen. Sie beschlagnahmten alles, was ich besaß; sie nahmen meine Dokument, auch jenes, das belegte, dass ich ein Widerstandskämpfer in Sobibor gewesen war. Die vier Polizisten fingen an, mich anzubrüllen, als sie es sahen: «Żydek, żydek, lausiger Blutsauger, jüdischer Gauner – willst wohl die ganze Welt beherrschen, häh? Du dachtest wohl, du könntest die Deutschen überlisten, häh? Die haben dich durchschaut, żydek – sie wussten, dass ihr alle Ungeziefer seid!» Und dann schlugen sie mit Holzknüppeln auf meinen nackten Körper ein. Sie schleiften mich in einen tiefen, dunklen Keller, prügelten mich weiter und warfen mich hinein. Die Zelle stank dermaßen – ich hatte noch nie einen derartigen Gestank erlebt! Überall waren menschliche Fäkalien. Es gab weder Licht noch ein Fenster noch Luft. Es war zum Ersticken. Die Hölle! Die Deutschen mussten diesen Ort gut zu nutzen gewusst haben, als sie noch das Zepter in der Hand hatten.

Ich hatte ziemliche Schmerzen von den Schlägen, die sie mir verpasst hatten. Um mich herum war es stockdunkel. Ich tastete alle Wände nach einer Öffnung ab, doch ich fand keine. Dann muss ich in Ohnmacht gefallen sein. Ich weiß nicht, wie viele Tage ich dort verbrachte. Nach einiger Zeit glaubte ich, lebendig begraben worden zu sein, deshalb begann ich, laut und hysterisch zu schreien. Sie mussten mich oben gehört haben, denn bald kam ein polnischer Polizist mit einer Pistole zu mir herunter. Ich sagte ihm, ich müsse auf die Toilette. Er lachte bloß. Er hielt die Waffe auf mich gerichtet und sagte: «Żydek, noch ein Schrei und du bist ein toter Mann!» Dann ging er, und ich blieb liegen wie ein kranker Hund.

Ich blieb weitere acht oder zehn Stunden in diesem Kellerloch. Dann hörte ich schwere Schritte. Ich glaubte, sie kämen, um mich zu erschießen. Doch stattdessen zerrten sie mich wieder nach oben und gaben mir meine Ware und meine Dokumente zurück. Sie händigten mir auch eine kleine Geldsumme aus, die ich bei mir geführt hatte. Meine Uhr gaben sie mir nicht zurück. Ich fragte danach, doch sie behaupteten, sie nie gesehen zu haben. Wahrscheinlich ließen sie mich wegen meiner sowjetischen Partisanen-Papiere gehen – sie hatten Angst, dass die sowjetische NKWD-Polizei eine Untersuchung einleiten würde. Sie stießen mich auf die Straße hinaus und warnten mich, ja aufzupassen – sie würden ein Auge auf mich haben.

Ich flüchtete mich in eine Hausruine und legte mich hin. Ich war völlig ausgelaugt, hungrig und niedergeschlagen. Außerdem klebte der Gestank aus dem Loch an mir. Ich hatte solche Schmerzen von den Schlägen, die sie mir versetzt hatten, und konnte mich ob der vielen Prellungen nicht bewegen. Nach einer Weile erhob ich mich und ging nach «Hause». Mein Mitbewohner erschrak, als er mich voller blauer Flecken erblickte, doch er schloss mich voller echter Wiedersehensfreude in die Arme. Er erzählte mir, dass er immer wieder von Juden gehört hatte, die von blutrünstigen Polen ermordet wurden, und dass er befürchtet hatte, dass dieses Schicksal nun auch mich ereilt hatte.

Wir aßen, und ich kam langsam wieder zu Kräften. Dann erzählte ich ihm, was mir die «neue» polnische Volkspolizei angetan hatte.

Ich ging zum örtlichen Büro der NKWD, zeigte ihnen meine sowjetischen Partisanen-Papiere und erzählte meine Geschichte. Sie beauftragten zwei Männer (die ganz zufällig beide Juden waren) mit meinem Fall. Wir gingen zur polnischen Polizeiwache. Die polnischen Polizisten, die noch vor Kurzem geprahlt hatten, als seien sie unbesiegbar, duckten sich jetzt vor den NKWD-Männern. Während die NKWD-Männer zusahen, haute ich in dem Büro auf den Putz. Ich griff meinen ehemaligen Kerkermeister an und versetzte ihm zwei kräftige Schläge. Ich zerriss Papiere auf seinem Schreibtisch und kippte dann den gesamten Tisch um. Die beiden NKWD-Männer erschraken etwas über mein Verhalten, doch sie ließen mich gewähren. Ich leerte jede Schublade von jedem Schreibtisch in dem Büro, bis ich meine Uhr fand. Die NKWD-Männer machten sich ausführliche Notizen von allem, was ich ihnen erzählte, und notierten ebenso die lächerlichen Ausreden der polnischen Polizisten. Sie schrieben alles auf und sagten mir, sie würden einen ausführlichen Bericht anfertigen. Es würde auf jeden Fall ein Nachspiel haben, dass ich so behandelt worden war.

Einige Wochen später lief ich den beiden NKWD-Männern über den Weg. Sie begrüßten mich herzlich und fragten, ob ich zur Anhörung geladen worden sei. Ich verneinte, ich sei nicht zu einer Anhörung geladen worden. Sie waren erstaunt. Sie hatten den zuständigen Behörden alle entsprechenden Papiere ausgehändigt. Die Beweise sprachen eindeutig gegen die polnischen Polizisten, und ihr Bericht enthielt die Empfehlung für die höchste Bestrafung der Schläger. Die beiden NKWD-Männer waren sichtlich erschüttert darüber, dass ihre sorgfältig durchgeführte Untersuchung nicht weiterverfolgt worden war. Sie wandten sich etwas von mir ab, um leise miteinander zu sprechen. Schließlich wandte sich einer von ihnen zu mir und sagte: «Hör zu, mein Freund, was wir dir jetzt sagen, ist absolut vertraulich, inoffiziell. Hast du verstanden? Die gesamte Polizei hier – unsere und ihre – sind eine große Bande von Antisemiten.» Sie erzählten mir von mitgehörten Gesprächen zwischen ihren eigenen «Kameraden» und polnischen Polizisten, in denen der schlimmste Judenhass zum Vorschein gekommen war. Das, was sie gehört hatten, bedrückte sie sehr. Sie sagten mir, ich habe Glück gehabt, der polnischen Polizei lebend zu entkommen. Sie hätten zweifellos vorgehabt, mich zu töten. Sie sagten mir, für die polnische Polizei stehe an erster Stelle, die verbliebenen Juden zu «eliminieren». Verbrechen, Wahrung der öffentlichen Ordnung und Friedenssicherung – diese Angelegenheiten waren für die polnische Polizei zweitrangig. Ihr Hauptgesprächsthema drehte sich darum, wie sie ihr Heimatland von den überlebenden Juden befreien könnten.

Ich suchte nach Möglichkeiten, Polen zu verlassen, blieb dabei jedoch erfolglos. Wir hörten von dem Pogrom in Kielce, wo die Polizei die überlebenden Juden erst entwaffnet und ihnen dann eine Bande Mörder auf den Hals gehetzt hatte, die viele von ihnen umbrachte. Wir hörten von einem Zug voller überlebender Juden, die aus Russland zurückkehrten. Der Zug wurde unterwegs angehalten, man hatte die Juden herausgegriffen und erschossen. Wie wir hörten, hatten alle zurückkehrenden Züge aus Russland jetzt sowjetische Soldaten mit an Bord. Diese Soldaten verbrüderten sich auf sehr entspannte Weise mit den Juden, während die Züge manchmal wochenlang durch sowjetisches Gebiet rollten. Sobald die Züge die polnische Grenze überquerten, folgten die Soldaten ihren strengen Befehlen und nahmen ihre Kampfpositionen auf den Dächern der Waggone und an den Türen ein. Die zurückkehrenden polnischen Juden – die armseligen Überreste einer einst gedeihenden Gemeinschaft – mussten vor ihren polnischen Landsleuten beschützt werden.

Ich blieb in Wrocław und fand Arbeit in einer Möbelfabrik, die neu errichtet worden war. Ich verdiente kaum genug, um mich am Leben zu erhalten. Nachdem Łódź befreit worden war, ging ich 1945 dorthin und traf viele Überlebende. Ich wartete darauf, meine Papiere zu bekommen, um Polen zu verlassen; ich hatte genug von diesem verfluchten Land, dessen Boden mit dem Blut meiner Lieben durchtränkt war. In der Zwischenzeit musste ich mich jedoch über Wasser halten, also kaufte und verkaufte ich alles an Ware, was ich finden konnte. Ich bekam meine Papiere nie.

Neben dem Wohnheim, in dem ich wohnte, lebten vier abgemagerte, skelettartige jüdische Mädchen in einem Keller. Sie waren Überlebende aus einem Konzentrationslager und halb am Verhungern. Als ich einmal einen schweren Sack aus meinem Wohnheim zerrte, bot eines der Mädchen seine Hilfe an. Ich stellte sie an und nahm sie danach mit in eine Gaststätte. Sie aß bestimmt sechs oder acht Teller Suppe, bevor wir anfangen konnten, uns zu unterhalten. Mir war nicht bewusst gewesen, dass sie solch großen Hunger hatte. Perla Laja Fuchs erzählte mir von ihren Eltern, ihren Schwestern und Brüdern und deren kleinen Kindern – alle außer einem Bruder waren in Auschwitz vergast worden. Perla war das einzige Mädchen aus ihrem engen Familienkreis, die die Hölle von Auschwitz überlebt hatte. Als sie fertig war, erzählte ich ihr alles aus meinem früheren Leben, und wir weinten beide, und weinten und weinten.

Langsam kehrte in Łódź eine gewisse Normalität ein, und ich hatte ein Auskommen. Ich hörte von Geschäftsmöglichkeiten in Bjela/Kama, also zog ich dorthin und mietete eine Marktbude auf der Raguta-Straße. Perla blieb in Łódź. Einige Zeit später, es war im Jahr 1946, kam ich wieder nach Łódź, um dort Waren zu kaufen, und verbrachte etwas Zeit mit Perla. Wir beschlossen zu heiraten. Sie kam mit mir nach Bjela/Kama, dort fand ich einen Rabbi, und wir wurden 1946 auf traditionelle Weise vermählt.

Ich verdiente zwar Geld, doch ich wollte nicht in Polen bleiben – wir hörten zu viele Geschichten über die Ermordung unschuldiger jüdischer Überlebender im «neuen» Polen des «Volkes». 1947 bekamen wir einen Sohn. Ich war überglücklich – wir hatten eine neue Generation in die Welt gesetzt. Doch alle paar Tage kam eine «besondere Untersuchungskommission» in meinen Laden, schloss die Türen ab und machte eine Inventur. Sie suchten einen Grund, um mich festzunehmen. Ich musste für jeden Meter Ware Rechenschaft ablegen – dies war «Volkseigentum». Hätte ich mich bei meinem Geschäft an die Regeln gehalten, wären wir verhungert. Das Ganze war also ein Spiel – allerdings ein tödliches. Wir lebten in Angst; sie konnten jeden Augenblick zuschlagen und meinen Laden für immer dicht machen.

1950 wurden wir mit der Geburt einer Tochter gesegnet. Doch wir steckten immer noch in Polen fest und waren von Hass umgeben. Nicht weit von uns drangen Polen in die Wohnung einer Familie ein, die wir kannten. Dies geschah mitten in der Nacht. Sie entführten den Mann und folterten ihn mehrere Tage lang – sie wollten wissen, wo das «jüdische Gold» versteckt lag. Dann kehrten sie zu der Frau zurück und stellten ihr dieselbe Frage. Die Familie hatte nur bescheidene Besitztümer, deshalb konnte von «jüdischem Gold» nicht die Rede sein, doch viele Polen glaubten mit beinahe religiösem Eifer an die Existenz «jüdischen Goldes». Sie nahmen die Frau mit, ihre Tochter, die noch ein Säugling war, ließ sie bei einer Cousine, die in der Nähe wohnte. Ein paar Tage später fand man die zerstückelten Leichen des Paares in Säcken, die in den Fluss geworfen waren. (Die damals kleine Tochter lebt heute in Israel) Wir lebten im «neuen Polen» in ständiger Angst; wir wollten nur unsere Papiere haben, um fortgehen zu können.

1950 schlossen wir den Marktladen. Eine Welle staatlich angeregter Repressionen machte private Geschäfte unmöglich. Ich arbeitete als Tischler in Bjela/Kama. 1952 zogen wir nach Wrocław, wo ich in einer Tischlerwerkstatt arbeitete. 1956 geschah das lang ersehnte Wunder. Wir bekamen unsere Papiere. Zunächst emigrierten wir nach Frankreich, wo meine Frau einen Bruder hatte, den einzigen anderen Überlebenden aus ihrer großen Familie. 1968 siedelten wir nach Kanada um, wo ich bis zu meiner Pensionierung als Tischler arbeitete.

Ich dachte, dass mit zunehmendem Alter die Erinnerungen an Chełm und Sobibor und an die dunklen Wälder langsam verblassen und undeutlich und verschwommen werden würden. Doch so ist es nicht gewesen. Je älter ich werde, desto klarer sehe ich die Umrisse der wunderschönen Kinder, die auf die Gaskammer warten; ich sehe die verzweifelten Gesichter meiner Kameraden in Sobibor, als wir Pläne schmiedeten, Vorbereitungen trafen und warteten; und ich sehe meinen kleinen Jungen Jossele, wie er vor dem Eingang unseres Hauses in Chełm spielt. Man nennt mich einen «Überlebenden», doch habe ich wirklich überlebt? Ich bezweifle es.

4. EPILOG

Inzwischen haben wir das Jahr 1984, und ich lebe in einem ruhigen Wohnviertel von Montreal. Ich genieße meinen Ruhestand. Ich besuche die örtliche Bibliothek und lese dort die Zeitungen und Zeitschriften. Ich treffe Freunde, und wir diskutieren über die aktuelle politische Situation. Meinen Freunden und meiner Familie fällt immer wieder ein merkwürdiger Aspekt in meinem Verhalten auf. Um zur Bibliothek und zum Park zu gelangen, gehe ich einen Umweg. Ich mache einen Umweg von mehreren Häuserblocks, um mein Ziel zu erreichen. Meine Freunde und meine Familie haben sich schon immer über dieses «exzentrische» in meinem sonst sehr konventionellen Verhalten gewundert. Sie wissen nicht, und das kann niemand wissen, dass es für mein «seltsames» Verhalten eine ganz einfache Erklärung gibt. Ich nehme den Umweg, weil auf dem direkten Weg ein Restaurant der berühmten Steakhauskette im Cowboystyle liegt. Dieses Restaurant umgibt immer ein ganz bestimmter Geruch – der Geruch von schmorendem Fleisch und zischendem Fett. Die Luft dort ist geschwängert von einem Geruch, der anderen köstlich erscheint. Ich kann ihn nicht ertragen. Dieser Geruch ist dem alles durchdringenden Gestank verbrennender jüdischer Leichen in Sobibor so ähnlich, dass ich mich, wenn er mir in die Nase steigt, augenblicklich wieder in die Hölle versetzt fühle, der ich vor 40 Jahren entkam. Und ich sehe die Gesichter der unschuldigen, sanftmütigen Kinder, die in Reih und Glied stehen, um zur Schlachtbank geführt zu werden, und ich höre die Schreie der Frauen und Männer, ganzer Gemeinschaften meines Volkes, die vernichtet wurden. Sollten Sie also jemals in der Gegend von Côte-des-Neiges in Montreal sein und dort einen kleinen älteren Mann sehen, der einen Umweg macht, um seine Freunde zu besuchen, brauchen Sie sich nicht wundern. Es gibt einen Grund dafür. Einen sehr gewichtigen Grund. Einen Grund, der die menschliche Vorstellungskraft übersteigt.

Kalmen Wewryk vor dem Krieg.
Archiv Bildungswerk Stanisław Hantz

Kalmen Wewryks Familie vor dem Krieg, Kalmen rechts der Bildmitte stehend hinter seinem Vater, undatiert.
Archiv Bildungswerk Stanisław Hantz

Kalmen Wewryk vor dem Krieg mit seiner Frau
Jocheved und seinem Sohn Josef (Jossele), ca. 1938.
Archiv Bildungswerk Stanisław Hantz

Kalmen Wewryk nach dem Krieg, undatiert.
Archiv Bildungswerk Stanisław Hantz

Lager Sobibor
(Stand Sommer 1943)

- - - - - - - - Lagerbegrenzung
.... Zäune
Bauten

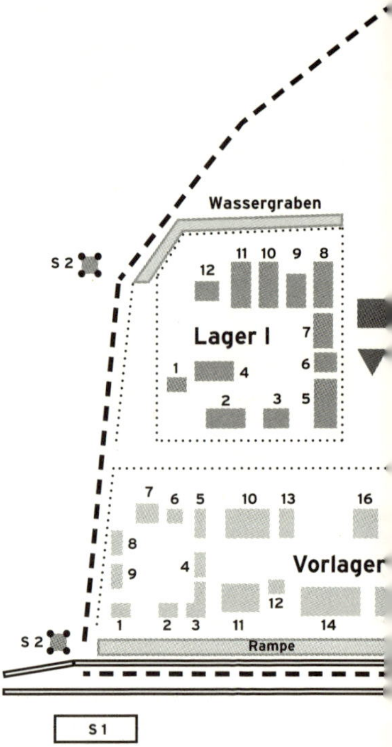

Vorlager
1 Wache
2 Zahnarzt/Arrestzelle Trawniki
3 Neues Kasino
4 Garage/Friseur der Lager-SS
5 Waschraum der Lager-SS
6 Wäscherei
7 Altes Kasino, u.a. Unterkunft für Stangl und Niemann
8 „Schwalbennest", u.a. Unterkunft für Gomerski, Wagner, Frenzel
9 Magazin und Bügelstube der Lager-SS
10 Unterkunft Trawniki
11 Altes Posthaus (existiert noch)
12 Munitionslager
13-15 Unterkunft Trawniki
16 Kasino Trawniki
17 Unterkunft für Zugführer Trawniki

Lager I
1 evtl. Werkstatt oder Toiletten
2-4 Werkstätten
5 Bäckerei
6 Schusterei Trawniki
7 Werkstatt
8 Baracke Frauen
9 Küche Lager I
10-11 Baracken Männer
12 Malerwerkstatt

Lager II
1 Ehemaliges Forsthaus
2-3 Lebensmittelmagazine
4 Schweinestall
5 Pferdestall
6 Scheune
7 Wirtschaftsgebäude
8 Schuhmagazin
9 Feuermeldeturm
10-15 Sortierbaracken
16 Abgabe Handgepäck
17 Haarschneidebaracke
18 Wachturm
19 Auskleideplatz
20 „Schalter" am Eingang zum „Schlauch"

Lager III
1 Gebäude mit den Gaskammer
2 Wohnbaracke jüd. SK
3 Küche Lager III
4 Leichenverbrennung
5 Bereich der Massengräber

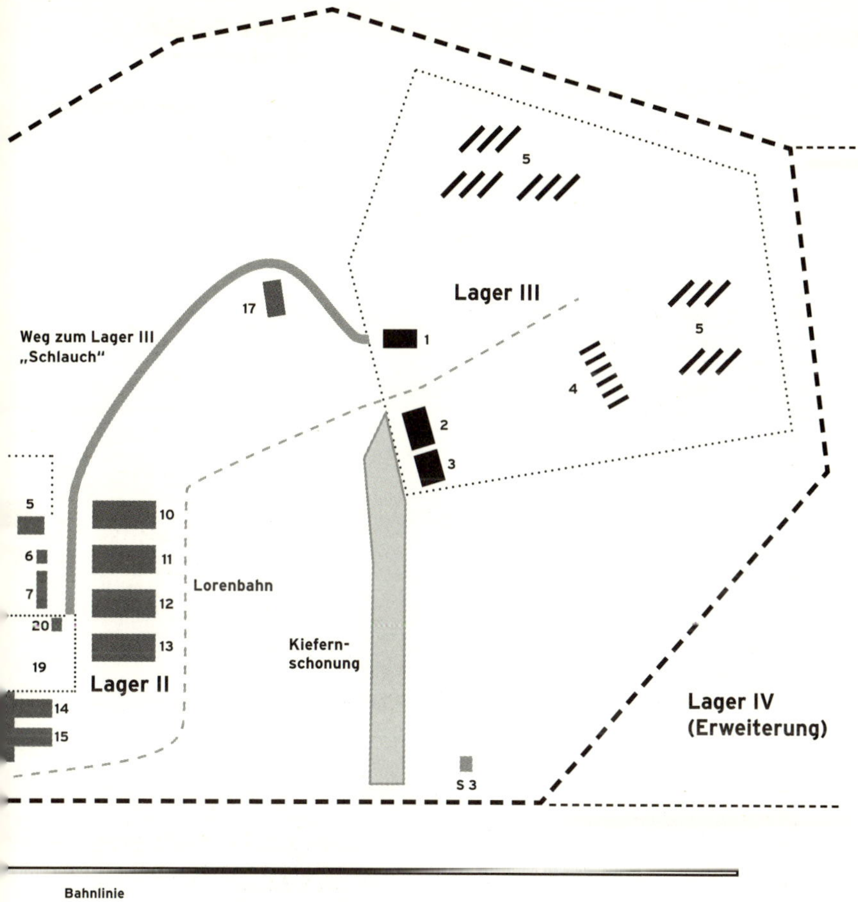

Weitere Bauten

S1 Bahnhofsgebäude
S2 Wachtürme
S3 Kapelle aus der Vorkriegszeit (Erschießungsstelle)

Die Straße, in der sich das Wohnhaus von Kalmen Wewryk befand, im Jahr 2019.
Archiv Bildungswerk Stanisław Hantz

DAS GHETTO VON CHEŁM UND DAS DEUTSCHE MORD-LAGER SOBIBOR

STEFFEN HÄNSCHEN | ANDREAS KAHRS

Die knapp über 60.000 Einwohnerinnen und Einwohner zählende Kleinstadt Chełm liegt im äußersten Osten Polens, kurz vor der Grenze zur Ukraine. Heute ist sie bei Touristinnen und Touristen vor allem für ihre barocken Bauwerke und wie viele andere Städte Europas nicht für ihre reiche jüdische Geschichte bekannt. Dabei waren bis zur deutschen Besatzung mehr als vierzig Prozent der Bevölkerung jüdisch. Im Herbst 1939 lebten insgesamt 34.000 Menschen in der Stadt, über 15.000 waren Jüdinnen und Juden.[1] Dies war vor dem Krieg ein typisches Größenverhältnis in der Region, in der neben den mehrheitlich katholischen Polinnen und Polen außerdem eine ukrainische Bevölkerungsgruppe ansässig war. Viereinhalb Jahre später, im März 1943, zählte die deutsche Zivilverwaltung unter den insgesamt 25.838 Einwohnerinnen und Einwohnern von Chełm nur noch 145 Jüdinnen und Juden.[2]

Wie an vielen Orten des Landes kehrte das Bewusstsein darüber, dass die Stadt einmal ein Zentrum des pulsierenden jüdischen Lebens der Region war, erst in den 1990er Jahren und vor allem auf Initiative von Überlebenden zurück. Wichtigster Gedenkort ist heute der alte jüdische Friedhof an der Kolejowa-Straße. Hier errichteten ehemalige jüdische Bewohnerinnen und Bewohner von Chełm und ihre Angehörigen, die heute überwiegend in den USA und Israel leben, seit den 1990er Jahren symbolische Grabsteine für ihre im Holocaust ermordeten Familienmitglieder. An den allermeisten Stellen der Stadt, an denen einst die deutschen Besatzer mit brutaler Gewalt gegen die jüdische Bevölkerung vorgingen, nehmen Passanten heute keine Notiz von der tragischen Geschichte des Ortes.

1 Vgl. Robert Kuwałek, Zagłada żydowskiego Chełma. Żydzi w Chełmie Lubelskim w latach 1939–1944. Zarys Problemu, in: Adam Sitarek/Michał Trębacz/Ewa Wiatr, Zagłada Żydów na polskiej prowincji, Łódź 2012, S. 175–202, hier S. 176 f.

2 Vgl. Adam Puławski, Benzyny zużyto 8 litrów. Prozaizacja Zagłady na przykładzie dokumentacji Archiwum Państwowego w Lublinie Oddział w Chełmie, in: Zagłada Żydów. Studia i Materiały 14 (2018), S. 311–333, hier S. 324.

Kalmen Wewryk wurde 1906 in Chełm geboren. Seine Familie war, wie ein großer Teil der jüdischen Bevölkerung, orthodox-religiös geprägt. Das einzige Familienfoto aus der Vorkriegszeit, das er retten konnte, zeigt seinen Vater in einem chassidischen Gewand in der Mitte seiner Familie. Der Sohn trug das Foto während der gesamten Lagerzeit in Sobibor und der anschließenden Flucht bei sich.

Jüdisches Leben vor dem Krieg

Seit den 1920er Jahren existierte in Chełm und Umgebung eine beständig wachsende Vielfalt unterschiedlichster jüdischer Organisationen und Institutionen. Zionistische Gruppierungen hatten hier ebenso wie die jüdische Arbeiterbewegung mit dem *Bund* eine lokale Vertretung. *HaShomer Hatzair*, die sozialistisch-zionistische Jugendorganisation, hatte schon vor dem Ersten Weltkrieg eine Ortsgruppe in der Stadt, und ab 1930 bereitete auch *HeChalutz* seine überwiegend aus der Arbeiterschicht stammenden Mitglieder auf die Auswanderung nach Palästina vor. Das jüdische kulturelle Leben blühte: Es gab Kinos und Theater, literarische Veranstaltungen, Kulturvereinigungen, Schulen und Tageszeitungen. Jüdische Kaufleute und Händler prägten die Altstadt.

In diesen Jahren löste sich eine neue Generation junger Jüdinnen und Juden aus den traditionellen religiösen Strukturen ihrer Heimatgemeinden. Auch Kalmen Wewryk ging einen für die damalige Zeit bemerkenswerten Schritt: Wie viele seiner Altersgenossen war es ihm als Kind verwehrt geblieben, eine staatliche Schule zu besuchen, stattdessen hatte er bis zu seinem zwölften Lebensjahr in einer religiösen Talmudschule gelernt. Obwohl er gern einen anderen Beruf ergriffen hätte, blieb ihm keine andere Wahl, als nach der Schule eine Tischlerlehre zu beginnen. Ein Studium war ihm aufgrund der ärmlichen Familienverhältnisse – der Vater handelte mit Mehl – nicht möglich. Nachdem Wewryk seine Ausbildung abgeschlossen hatte, wagte er einen großen Sprung und ging 1930 im Alter von 24 Jahren nach Argentinien. Ob er dort bleiben wollte, ist nicht bekannt; sicher ist lediglich, dass er zwei Jahre später in seine Heimatstadt zurückkehrte. Er heiratete 1933, seine Frau Jocheved betrieb auf dem Markt in Chełm einen Stand mit Lebensmitteln. Am 5. Dezember 1934 wurde ihr Sohn Jossele geboren.[3]

Nach dem deutschen Überfall auf Polen im September 1939 lag Chełm in der Nähe der geplanten Trennungslinie, die gemäß dem Hitler-Stalin-Pakt das polnische Staatsterritorium zwischen dem Deutschen Reich und der Sowjetunion aufteilen sollte. Wie andere Orte in der Region wurde die Stadt zunächst von der Roten Armee eingenommen, die für einige Tage die Kontrolle über die lokale Verwaltung ausübte. Erst nach einer Anpassung des deutsch-sowjetischen Abkommens wurde der genaue Grenzverlauf bestimmt, fortan bildete der 20 km entfernt liegende Fluss Bug die Grenze zum sowjetischen Gebiet. Den Rückzug der Roten Armee Anfang Oktober nutzten einige Hundert Jüdinnen und Juden aus Chełm, um auf das Gebiet der Sowjetunion zu gelangen. Kurze Zeit später, am 9. Oktober 1939, erreichten die ersten deutschen Einheiten die Stadt.[4] Zuvor waren bereits große Gruppen jüdischer Flüchtlinge aus den westlichen polnischen Gebieten in die Stadt geströmt, um Zuflucht vor den vorrückenden Deutschen zu suchen.[5]

Wie Kalmen Wewryk berichtet, verschärften sich in dieser unübersichtlichen Situation die Spannungen zwischen der jüdischen und der nicht-jüdischen Bevölkerung, die wiederholt in antisemitischen Gewalttaten mündeten. Der Antisemitismus war bereits in den 1930er Jahren immer stärker geworden. Besonders in Gegenden, die kurzzeitig unter sowjetischer Besatzung standen, bildete das antisemitische Stereotyp vom vermeintlich mit den Kommunisten kollaborierenden Juden einen wichtigen Hintergrund der Judenfeindlichkeit.

Nach ihrer Ankunft in der Stadt begannen die Deutschen umgehend mit der Umsetzung ihrer antijüdischen Politik. Jüdinnen und Juden wurden aus dem gesellschaftlichen Leben ausgeschlossen, ihrer ökonomischen Grundlage beraubt und gezwungen, auf engstem Raum

3 Aussage Kalmen Wewryk, 30. 3. 1984, LA NRW, Q 234/4396, Bl. 2.

4 Kuwałek, Zagłada żydowskiego Chełma, S. 178 f.

5 Lipmann Sznajder, Wladek war ein falscher Name. Die wahre Geschichte eines dreizehnjährigen Jungen, München 1991, S. 9–12.

zusammenzuleben. Zahlreiche Zwangsarbeitslager entstanden in der Region, in denen Tausende Jüdinnen und Juden für eine minimale Entlohnung schwere Arbeiten verrichten mussten. Die repressiven Maßnahmen wurden zunehmend radikaler, bis die Deutschen im Jahr 1942 schließlich dazu übergingen, die jüdische Bevölkerung in den neu errichteten Vernichtungslagern Belzec und Sobibor zu töten. Dieser systematische Mord an fast zwei Millionen polnischen Jüdinnen und Juden aus dem Generalgouvernement und Zehntausenden Deportierten aus anderen europäischen Ländern hat später den Namen «Aktion Reinhard» erhalten. Auch die meisten jüdischen Einwohnerinnen und Einwohner Chełms kamen bei einer der sogenannten Aktionen (poln. Akcja) ums Leben, als Tausende Menschen in vier großen Deportationen in das nicht weit entfernte Lager Sobibor verschleppt wurden.

Kalmen Wewryk berichtet von einer außergewöhnlich brutalen «Aktion», die bereits im Dezember 1939 stattfand und sich als «Todesmarsch» in die Erinnerung der überlebenden Bürgerinnen und Bürger von Chełm eingebrannt hat. Er beschreibt die Sammlung jüdischer Männer auf dem «Pletzl» – dem zentralen Marktplatz der Altstadt (heute entlang der Lubelska-Straße) –, um den herum sich die jüdische Bevölkerung angesiedelt hatte. Hier befanden sich ihre Werkstätten und Geschäfte, und auch die zwei große Synagogen in der Szkolna- und in der Kopernika-Straße waren recht nah.[6] Die Deutschen hatten den Befehl ausgegeben, dass sich alle jüdischen Männer zwischen 16 und 65 Jahren auf dem Marktplatz sammeln mussten. Wie Wewryk zögerten viele zunächst, sich bei den Deutschen zu melden. Gut eintausend Männer aus Chełm und ebenso viele aus dem nahe gelegenen Hrubieszów wurden anschließend in Richtung des Flusses Bug getrieben, um sie in das sowjetische Gebiet abzuschieben. Dies war Teil einer Reihe von Vertreibungen in der ersten Kriegsphase in dieser Region, die den Auftakt zu den folgenden groß angelegten Mordaktionen im Generalgouvernement bildeten. Am Fluss zwangen die Deutschen die Juden, prosowjetische Lieder zu singen und ins Wasser zu gehen. Als diese das gegenüberliegende Ufer erreichten,

6 Nur das Gebäude der sogenannten kleinen Synagoge an der Kopernika-Straße ist erhalten geblieben. Hier befindet sich heute ein Restaurant.

wurden sie von sowjetischen Soldaten wieder zurückgeschickt. Viele der Männer starben dabei, viele andere waren bereits auf dem Weg zum Fluss erschossen worden. Auch Kalmen Wewryks Onkel überlebte diese erste große Welle der Gewalt gegen die jüdische Gemeinschaft von Chełm nicht.[7] Knapp 400 verstörte Juden kehrten in den nächsten Tagen in die Stadt zurück.

In den folgenden Monaten wurden die Jüdinnen und Juden aus den wohlhabendsten Teilen der Innenstadt rund um den «Pletzl» vertrieben. Laut Anordnung der Zivilverwaltung vom 30. Oktober 1940 war es ihnen fortan verboten, in 17 eigens auf einer Liste verzeichneten Straßen in der Innenstadt zu wohnen. Bald darauf folgte die Ausrufung des Ghettos. Zu diesem Zeitpunkt befanden sich vermutlich bis zu 11.000 Jüdinnen und Juden in der Stadt. Die alltägliche Judenfeindlichkeit und das brutale Gebaren der Besatzungsmacht verdeutlicht eine Episode aus dem Winter 1940/41. Am 11. Januar waren einige Juden in Chełm mit dem Entladen eines Wagens beschäftigt. Ein zufällig des Weges kommender SS-Angehöriger vermutete beim Anblick der Szene laut eigener Aussage sofort, «dass die Juden irgendwelche Gegenstände zu verschleppen beabsichtigten».[8] Als einer der Männer vor ihm die Flucht ergriff, wurde er von dem SS-Mann verfolgt und erschossen, ohne dass dieser ihn überhaupt zur Rede gestellt hatte. Willkür und Gewalt bestimmten den Alltag vom ersten Tag der Besatzung an.

Das Ghetto

Ab April 1941 durfte die jüdische Bevölkerung offiziell nur noch in einem kleinen Gebiet von einem halben Dutzend Straßen im ärmli-

7 Eliyana R. Adler, Hrubieszów at the Crossroads: Polish Jews Navigate the German and Soviet Occupations, in: Holocaust and Genocide Studies (2014) 1, S. 1–30, hier S. 4–6; Martin Cüppers, Wegbereiter der Shoah. Die Waffen-SS, der Kommandostab Reichsführer-SS und die Judenvernichtung 1939–1945, Darmstadt 2005, S. 51 f.

8 Zitiert nach ebenda, S. 40.

chen Teil des Stadtzentrums südlich des Marktplatzes rund um die Pocztowa-Straße wohnen. Ein Verlassen des Areals war nur mit einer Sondergenehmigung erlaubt und ansonsten streng verboten. Wer dennoch außerhalb angetroffen wurde, musste damit rechnen, erschossen zu werden. Das Ghetto war hoffnungslos überfüllt, und bis zum Jahresende stieg die Zahl der Bewohnerinnen und Bewohner auf 12.500 an, da auch Jüdinnen und Juden aus dem Umland Zuflucht in der Stadt suchten.[9] Das Ghetto war wie in fast allen Orten der Region nicht eingezäunt. Die jüdische Polizei richtete jedoch Kontrollposten ein, die die offiziellen Ein- und Ausgänge markierten. Während Volksküchen und soziale Einrichtungen unter der Leitung des Judenrats das Leid der Menschen zu lindern suchten, arbeiteten mehr als 1.200 Handwerkerinnen und Handwerker in über 300 Werkstätten für die Deutschen.[10] Die nichtjüdischen polnischen Einwohnerinnen und Einwohner von Chełm hatten zu dieser Zeit weiterhin Kontakt zu den Insassen des Ghettos. Der Handel mit ihnen war attraktiv, und so gelangte wertvolle und lebensnotwendige Nahrung zu stark überhöhten Preisen ins Ghetto. Noch lebten auch zahlreiche Jüdinnen und Juden außerhalb des Ghettos. Sie waren aber zunehmend der Gefahr ausgesetzt, von ihren polnischen Nachbarinnen und Nachbarn erkannt und verraten zu werden. Die stets drohende Gefahr, denunziert zu werden, beschreibt Kalmen Wewryk in seinem Text. Er hatte mit seiner Familie bereits vor dem Krieg in dem Teil der Stadt gelebt, der später von der deutschen Verwaltung als Wohnviertel für die jüdische Bevölkerung ausgewiesen wurde. In ihrem Haus in der Siedlecka-Straße 2 nahm die vierköpfige Familie – im Frühjahr 1941 war Tochter Pesha zur Welt gekommen – nun weitere Jüdinnen und Juden auf.[11]

Die Lebensbedingungen in dem viel zu kleinen Ghetto verschlechterten sich stetig. Deportationen aus dem Reichsgebiet, den «angeschlossenen Gebieten» sowie der Slowakei brachten zwischen März und Juni

9 Bericht Lipmann Sznaider, AŻIH, 302/306, Bl. 7.

10 Kuwałek, Zagłada żydowskiego Chełma, S. 186.

11 Die Adresse gab der Sobibor-Überlebende Mottel Samet, der Wewryk aus Chełm kannte, unmittelbar nach Kriegsende zu Protokoll. Vgl. Aussage Mottel Samet, AŻIH, 301/5368, S. 6.

1942 fast 80.000 Jüdinnen und Juden in mindestens 43 Transporten in den Distrikt Lublin, wo sie für kurze Zeit untergebracht wurden, bis sie nach einigen Wochen weiter in die Mordlager der «Aktion Reinhard» verschleppt wurden. Chełm war eine von 22 polnischen Ortschaften, die in dieser Zeit als sogenannte Transitghettos fungierten.[12] Mitte Mai des Jahres erreichten zwei Transporte mit Jüdinnen und Juden aus der Slowakei die Kleinstadt. Das völlig überfüllte Ghetto konnte zu diesem Zeitpunkt eigentlich niemanden mehr aufnehmen. Die fast 2.000 Menschen blieben jedoch nicht lange in Chełm, denn ein Großteil von ihnen fiel bereits eine Woche nach Ankunft der ersten Deportation nach Sobibor zum Opfer. Der nur sehr kurze Aufenthalt der Slowakinnen und Slowaken wird als Grund dafür gesehen, dass sie – anders als in Aussagen und Berichten Überlebender aus vergleichbaren Orten – in Zeugnissen über Chełm, so auch in der Erzählung von Kalmen Wewryk, nicht erwähnt werden.[13]

Bei der ersten Deportation von Chełm nach Sobibor am 20./21. Mai wurden jedoch nicht nur die Neuankömmlinge aus der Slowakei verschleppt. Unter den über 4.000 Opfern befanden sich auch Jüdinnen und Juden aus Chełm und aus umliegenden Orten, die über keinen eigenen Bahnanschluss verfügten und deren jüdische Bewohnerinnen und Bewohner deswegen über Chełm nach Sobibor deportiert wurden. Bei dieser «Aktion» trieben deutsche Polizei und SS in der gesamten Stadt die Jüdinnen und Juden zusammen. Während Kalmen Wewryk in einem Versteck in seinem Wohnhaus ausharrte, wurde er Zeuge, wie SS-Männer seine Frau und die beiden Kinder aus der Wohnung holten. Man trieb sie Richtung Norden aus der Innenstadt zur «Rampa Brzeska»,[14] einem etwas abseits des Bahnhofs gelegenen Bahnsteig, der normalerweise zur Güterabfertigung diente. Vermutlich wurden auch Wewryks Eltern an diesem Tag nach Sobibor verschleppt.

12 Für eine Übersicht zur «dritten Deportationswelle» siehe Steffen Hänschen, Das Transitghetto Izbica im System des Holocaust, Berlin 2018, S. 237–245.

13 Kuwałek, Zagłada żydowskiego Chełma, S. 191 f.

14 Heute ist dies der Name der Straße, die nördlich dieses Bahngleises verläuft.

Für einen kurzen Moment kehrte relative Ruhe ins Ghetto ein.[15] In den sechs Wochen nach der Deportation waren die verbliebenen jüdischen Bewohnerinnen und Bewohner bemüht, sich neu zu organisieren. Vor der Verschleppung in ein Mordlager gab es nur wenig Schutz. Daher versuchten die Menschen, einen Arbeitsplatz in der jüdischen Selbstverwaltung zu finden oder einen Arbeitsschein zu bekommen, denn vor allem die Zwangsarbeit bewahrte die Jüdinnen und Juden vor der Deportation. In den Arbeitslagern waren sie unzähligen Übergriffen ausgesetzt und wurden zudem nur ungenügend verpflegt. Als die Deportationen in die Mordlager im Frühjahr 1942 einsetzten, existierten in der Region mehr als 30 sogenannte Zentrale Arbeitslager (ZAL), die meisten der hier zu Tausenden internierten Gefangenen arbeiteten zu dieser Zeit für die Wasserwirtschaftsinspektion.[16] In eines dieser Lager in der Umgebung von Chełm kam auch Kalmen Wewryk, vermutlich war es das Arbeitslager Kamien. Die nächsten Deportationen aus Chełm nach Sobibor fanden im Juli (zwischen 600 und 1.000 Menschen) und am 26./27. Oktober (zwischen 3.000 und 4.000 Menschen) 1942 statt. Mehrere Aussagen deuten darauf hin, dass mindestens bei einer dieser Deportationen die Menschen zu Fuß in das 50 km entfernte Włodawa gehen mussten und von dort nach Sobibor gebracht wurden.[17]

Die im Ghetto verbliebenen Jüdinnen und Juden folgten fortan nicht mehr der Aufforderung, sich an den Sammelplätzen einzufinden, sie versuchten stattdessen, sich an unterschiedlichen Orten zu verstecken: unter Treppen, in Kellergewölben und eingemauerten Räumen, die sie während der Zeit im Ghetto zu diesem Zweck gebaut hatten. Eine unbekannte Zahl von Menschen suchte Zuflucht in den weitverzweigten Gängen des riesigen Kreidefelsens, auf dem die Altstadt von Chełm liegt. Die Gänge waren bei dem traditionellen Abbau des Gesteins entstanden, wodurch fast jedes Haus am Hang über den Keller

15 Bericht Abram Cytryn, AŻIH, 301/4384, S. 4.

16 Dieter Pohl, Von der «Judenpolitik» zum Judenmord. Der Distrikt Lublin des Generalgouvernements 1939–1944, Frankfurt a. M. u. a. 1993, S. 159 f.

17 Kuwałek, Zagłada żydowskiego Chełma, S. 194 f.

einen Zugang zum Untergrund der Stadt hatte.[18] Überlebende berichteten von unvorstellbaren Szenen, die sich abspielten, als SS- und Trawniki-Männer[19] Ende Oktober das Ghettogebiet durchkämmten und dabei viele Häuser und Keller zerstörten. Die christliche Polin Aurelia Jaworska erinnerte sich: «Durch das menschenleere Viertel zogen Soldaten und schossen wahllos in die leeren Häuser und warfen Granaten durch die offenen Fenster und Türen.»[20]

Am 6. November 1942 kam es schließlich zur letzten großen Verschleppung aus Chełm nach Sobibor. Die bis dahin noch verbliebenen jüdischen Einwohnerinnen und Einwohner wurden vom Sammelplatz vor der russisch-orthodoxen Kirche, südlich der Altstadt, zur «Rampa Brzeska» gebracht. Die Jüdin Gitl Libhaber erinnerte sich: «Auf dem Platz vor der Kirche waren schon über tausend Juden. Die Deutschen schlugen und trieben sie, die Mauern der Kirche waren rot vor Blut. Es trugen sich hier solch schreckliche Dinge zu, dass man sie nicht schildern kann.»[21]

Die Leichen von Erschossenen säumten die Straßen, und mehrere Zeuginnen und Zeugen berichteten von Mordaktionen des für seine Brutalität gefürchteten SS-Oberscharführers Hugo Raschendorfer von der örtlichen Gestapo.[22] Im Prozesses gegen den SS-Mann 1968 in München sagte der Überlebende Chaim Feder: «Wenn sein Name

18 Ebenda, S. 196.

19 Die Trawniki-Männer waren z. T. ehemalige sowjetische Kriegsgefangene, die von den Deutschen in Dienst genommen wurden. Nach einer kurzen Ausbildung in der Ortschaft Trawniki (35 km von Chełm entfernt) wurden sie als Wachmänner u. a. bei Ghettoräumungen und in den Mordlagern der «Aktion Reinhard» eingesetzt. Vgl. u. a. Peter Black, Die Trawniki-Männer und die «Aktion Reinhard», in: Bogdan Musial (Hrsg.), «Aktion Reinhardt». Der Völkermord an den Juden im Generalgouvernement 1941–1944, Osnabrück 2004, S. 309–352.

20 Bericht Aurelia Jaworska, AŻIH, 302/119, Bl. 39.

21 Bericht Gitl Libhaber, AŻIH, 301/2192, Bl. 6.

22 Tomasz Osiński, «Pamiętają mordercę». SS-Oberscharführer Hugo Raschendorfer w zeznaniach mieszkańców Chełma, in: Chełmskie Towarzystwo Naukowe: Chełm Nieznany. Ludzie. Miejsca. Wydarzenia, Chełm 2009, S. 239–244.

im Cholmer Judenviertel fiel, verkrochen sich alle in die Mauerlöcher. Raschendorfer war ein Symbol des Schreckens.»[23]

Auch Kalmen Wewryk und die anderen Gefangenen aus dem Zwangsarbeitslager brachte man an diesem Tag – direkt und nicht über einen Sammelplatz – zum Güterbahnhof. In seiner Aussage für den Hagener Sobibor-Prozess korrigierte er seine Schilderung im vorliegenden Text, in dem er seinen Transport nach Sobibor auf den Sommer 1942 datierte.[24] Zusammen mit den Einwohnerinnen und Einwohnern aus der Stadt waren noch einmal über 2.000 Jüdinnen und Juden zusammengetrieben worden.[25] Das Ghetto war nun menschenleer, die Leichen der Ermordeten wurden an mehreren Stellen in der Stadt begraben. Aurelia Jaworska schilderte, wie einige Einwohnerinnen und Einwohner mit Erlaubnis der Deutschen eifrig die auf den Straßen des Ghettos verstreuten Habseligkeiten der Deportierten einsammelten.[26] In Chełm verblieben nun noch knapp 1.000 jüdische Zwangsarbeiterinnen und -arbeiter in diversen kleinen Lagern, die meisten von ihnen kamen schließlich zu Jahresbeginn 1943 nach Sobibor.

Sobibor

Als Kalmen Wewryk am 6. November in den Güterwaggon gestoßen wurde, wusste er genau, wohin die Fahrt gehen sollte. Schon nach der ersten Deportation aus Chełm im Mai 1942 waren im Ghetto Gerüchte über das 40 km entfernte Lager Sobibor aufgekommen, und es war kein Geheimnis mehr, dass – wie Wewryk in seiner Aussage für das Gericht in Hagen zu Protokoll gab – von dort niemand zurückkommen

23 SS-Mann rief «Freiheit für Deutschland», in: Abendzeitung München, 23. 10. 1968.

24 Aussage Kalmen Wewryk, 30. 3. 1984, LA NRW, Q 234/4396, Bl. 4.

25 Kuwałek, Zagłada żydowskiego Chełma, S. 197.

26 Bericht Aurelia Jaworska, AŻIH, 302/119, Bl. 35.

sollte.[27] Auch in der polnischen Bevölkerung hatte sich das Wissen um die Existenz des Lagers schnell verbreitet. Alle für Sobibor bestimmten Züge passierten den Bahnhof der Stadt Chełm, der am südlichen Ende des letzten Streckenabschnitts nach Sobibor lag.[28] Einige Züge mussten dort für eine gewisse Zeit warten, und manchmal gelang es Deportierten dabei, Kontakt zu Zivilistinnen und Zivilisten aufzunehmen. Ein deutscher Bahnangestellter bestätigte nach dem Krieg, dass jeder, der diese Transporte auf den Gleisen sah, wusste, dass die Menschen in kurzer Zeit tot sein würden.[29]

Als die SS- und Trawniki-Männer am 6. November 1942 Kalmen Wewryk und über 2000 weitere Jüdinnen und Juden in Chełm unter Schlägen in die Waggons zwangen, unternahmen sie zudem nichts, um das eigentliche Ziel der Verschleppung zu verbergen. Sie stiegen in die überfüllten Güterwaggons und forderten die Deportierten auf, ihnen alle Wertsachen zu geben – sie würden ohnehin in den Tod fahren, und daher seien die Sachen nutzlos für sie. Kalmen Wewryk wunderte sich darüber nicht. Nach dem Krieg erklärte er, dass er den Trawniki-Männern geglaubt habe, was sie ihnen sagten.[30]

Auf der langen Fahrt nach Sobibor – Deportationszüge hatten keine Priorität – versuchten einige Deportierte, aus den Waggons zu flüchten. Ob es ihnen gelang, ist nicht überliefert. Als der Zug schließlich in das Lager Sobibor geschoben wurde und an der dortigen Rampe hielt, wurde Kalmen Wewryk wie alle anderen aus dem Waggon getrieben. Die SS-Männer hatten mit Eisen verstärkte Peitschen, mit denen sie auf ihre Opfer einschlugen. Alle mussten sich auf einem sandigen, umzäunten Platz versammeln, der unweit der Rampe lag, und sich dort entkleiden. Alles sollte schnell gehen, es wurde geschrien und

27 Aussage Kalmen Wewryk, 30. 3. 1984, LA NRW, Q 234/4396, Bl. 4.

28 Aussage Jehuda Lerner, 16. 12. 1959, LA NRW, Q 234/4452, Bl. 5.

29 Aussage Erhard Kies, 6. 2. 1943, LA NRW, Q 234/4452, Bl. 2–4.

30 Aussage Kalmen Wewryk, 30. 3. 1984, LA NRW, Q 234/4396, Bl. 4.

geschlagen. Wertsachen waren an einem Schalter abzugeben. Dann forderten die SS-Männer die gegebenenfalls anwesenden Handwerker unter den Deportierten auf, sich zu melden. Eine Handvoll Männer hob die Hand. Wewryk gab sich als Tischler aus und wurde mit wenigen anderen an die Seite beordert. Diese Entscheidung rettete ihm das Leben. Er wurde nicht wie der Rest durch den Gang getrieben, den die Lager-SS euphemistisch als «Schlauch» bezeichnete – ein etwa vier bis fünf Meter breiter Weg, den rechts und links ein Stacheldrahtzaun begrenzte, in den Kiefernzweige eingeflochten waren. An seinem Ende befand sich das Gebäude mit den sechs Gaskammern.

Als Wewryk in Sobibor ankam, dauerten die Mordaktionen der Deutschen bereits über ein halbes Jahr an. Im östlichen Polen an der Bahnlinie von Chełm nach Włodawa gelegen, war Sobibor als Vernichtungslager im Rahmen der sogenannten Aktion Reinhard errichtet worden. 1942 hatten die Deutschen im Generalgouvernement drei Lager errichtet, in denen annähernd 1,8 Millionen Menschen mithilfe von Kohlenmonoxid erstickt wurden: Sobibor, Belzec und Treblinka. Sie dienten vorrangig dem Ziel, die jüdische Bevölkerung aus dem Generalgouvernement zu ermorden: In Sobibor waren es innerhalb von weniger als anderthalb Jahren, zwischen Mai 1942 und Oktober 1943, rund 185 000 Jüdinnen und Juden, darunter auch Zehntausende von außerhalb Polens, die über eine Zwischenstation in den Transitghettos oder ab Juni 1942 direkt in die Mordlager verschleppt wurden. In Sobibor bildeten etwa 34 000 Jüdinnen und Juden aus den Niederlanden die größte Gruppe, andere kamen aus Litauen, Belarus, der Westukraine, Frankreich, dem Deutschen Reich, Österreich sowie aus dem sogenannten Protektorat Böhmen und Mähren und der Slowakei.

Aufbau des Mordlagers

Insgesamt entstanden in Sobibor im Laufe von eineinhalb Jahren fünf Lagerteile: das sogenannte Vorlager – der Wohn- und Aufenthaltsbereich für die Deutschen – sowie die Lagerteile I bis IV. Sobibor war ein reines Vernichtungslager, in dem nur wenige Hundert Jüdinnen und Juden zur Aufrechterhaltung des Betriebs und zum Ausbau des Lagers gefangen gehalten wurden. Daher existierte auch kein großer Bereich mit Unterkunftsbaracken, wie sie für die Konzentrationslager charakteristisch waren. Die jüdischen Gefangenen waren im sogenannten Lager I untergebracht, wo sich auch unterschiedliche Werkstätten befanden. In Lager II wurde die Habe der Ermordeten aufbewahrt und sortiert. Jüdische Gefangene durchsuchten die Kleidung der Deportierten auf Wertgegenstände und Hinweise auf ihre vormaligen Besitzerinnen und Besitzer. Danach wurde sie provisorisch verpackt und in das zentrale Lager nach Lublin geschickt, von wo aus die Sachen weiter ins Deutsche Reich gebracht wurden.

Neben den Sortierbaracken gab es eine kleine Landwirtschaft innerhalb des Lagers, die der Versorgung der Lagermannschaft diente. Vor dem Tor dieses von den Deutschen als «Erbhof» bezeichneten Areals befand sich der Platz, auf dem sich die ankommenden Jüdinnen und Juden entkleiden mussten, bevor sie im Lager III, dem Mordbereich, getötet wurden. Ihre Wertgegenstände mussten sie an einem Schalter abgeben, angeblich nur zur zwischenzeitlichen Verwahrung. Um die Einsicht von außen zu erschweren, wurde um das Lager herum und teilweise auch innerhalb des Geländes ein etwa drei Meter hoher Stacheldrahtzaun errichtet, in den ein jüdisches Arbeitskommando die Kiefernzweige einflechten musste. Mehrere Wachtürme und ein Pfad für die Wachpatrouille, der innerhalb der doppelt ausgeführten Umzäunung um das Lager verlief, dienten der Sicherung der Mordstätte. Zusätzlich legte die Lagermannschaft im Frühjahr 1943 ein Minenfeld an der Außenseite des Zaunes an, das vor Angriffen von Partisaninnen und Partisanen schützen und Fluchten verhindern sollte. Der äußere Zaun war, anders als von Kalmen Wewryk geschildert, nicht elektrisch geladen. Es scheint aber möglich, dass zumindest gewisse Abschnitte innerhalb des Lagers von einem elektrischen Zaun umschlossen waren.

Die allermeisten Jüdinnen und Juden, die in Sobibor in Zügen, auf Pferdefuhrwerken und Lastwagen oder auch zu Fuß ankamen, wurden unmittelbar nach ihrer Ankunft in den Gaskammern getötet. Ein Benzinmotor produzierte kohlenmonoxidhaltige Abgase, die durch ein Rohrleitungssystem ins Innere der Kammern geleitet wurden. Es dauerte etwa zwanzig Minuten, bis der grausame Tod eintrat. Anschließend mussten jüdische Arbeitskommandos die Leichen aus den Gaskammern zerren und in Massengräbern verscharren. Als den

Deutschen die Kapazität der Gaskammern zu gering erschien, wurde im Herbst 1942 der Tötungsbereich im Lagerteil III erweitert: Hatte es zunächst drei Gaskammern gegeben, so wurde nun ein Gebäude mit acht Gaskammern von jeweils etwa 16 Quadratmetern Größe errichtet.[31] Aussagen der SS-Männer zufolge konnten jeweils zwischen 70 und 150 Menschen in eine Kammer gepfercht werden. Direkt neben den Gaskammern befanden sich die Massengräber für die Ermordeten. Sie waren bis zu 20 mal 70 Metern groß. In der Hitze des Sommers 1942 breitete sich aus den Leichengruben ein unerträglicher Gestank aus, und das Trinkwasser drohte vergiftet zu werden. Die Deutschen ließen daraufhin im Oktober 1942 einen Bagger in das Lager schaffen, mit dessen Hilfe die verscharrten Leichen wieder ausgegraben und anschließend verbrannt wurden. Jüdische Gefangene mussten dafür Eisenbahnschienen zu einem großen Rost übereinanderlegen, auf die sie dann abwechselnd Holz und halb verweste Leichen aufschichteten. Der pyramidenförmigen Stapel wurde mit Öl übergossen und angezündet. Die Flammen dieser Scheiterhaufen loderten viele Meter hoch und waren weit über die Grenzen des Lagers hinaus sichtbar.[32]

Für die Bebauung des Lagergeländes in Sobibor gab es keinen ausgearbeiteten Plan, die verantwortlichen Deutschen mussten vielfach improvisieren. Das benötigte Material bekamen sie nur zum Teil von der Zentralbauleitung der SS, den Rest beschafften sie sich auf eigene Initiative und rissen dafür Häuser in der Umgebung ab, deren jüdische Bewohner bereits verschleppt worden waren.

Das Stammpersonal von Sobibor kam durchweg aus den «Euthanasie»-Tötungseinrichtungen im Deutschen Reich. Bei der «Aktion T4» wurden ab 1940 unter Leitung der Planungs- und Verwaltungsbehörde

31 Vgl. Aussage Erwin Lambert, Stuttgart, 2. 10. 1962, LA NRW, Q 234/4278, Bl. 5 ff.

32 Vgl. Aussage Kurt Bolender, Hagen, 2. 10. 1963, LA NRW, Q 234/4293; Franz Hödl, Linz, 18. 4. 1963, LA NRW, Q 234/4289; Erich Bauer, Berlin, 12. 12. 1963, LA NRW, Q 234/4465; Hubert Gomerski, Butzbach, 24. 2. 1964, LA NRW, Q 234/4297. Auch: Jules Schelvis, Vernichtungslager Sobibór, Münster/Hamburg 2003, S. 109 ff.; Sara Berger, Experten der Vernichtung. Das T4-Reinhardt-Netzwerk in den Lagern Belzec, Sobibor und Treblinka, Hamburg 2013, S. 197.

in der Tiergartenstraße 4 in Berlin kranke und behinderte Menschen systematisch in Gaskammern ermordet. Insgesamt wurden in den anderthalb Jahren des Lagerbestehens etwas mehr als 50 deutsche SS-Männer in Sobibor eingesetzt, zeitgleich vor Ort waren jedoch nie mehr als 25. Regelmäßig besuchten sie ihre Familien oder durften ihren Urlaub am österreichischen Attersee verbringen, an dem die Dienststelle der «Aktion T4» ein Erholungsheim betrieb.

Die Bewachung des Lagers und der einzelnen Arbeitskommandos delegierten die Deutschen an knapp 120 Trawniki-Männer – meist vormalige sowjetische Kriegsgefangene, die in der Ortschaft Trawniki eine rudimentäre Ausbildung absolviert hatten. Diese Männer wurden in allen Lagerbereichen eingesetzt: Sie patrouillierten am Lagerzaun, besetzten die Wachtürme, bewachten die jüdischen Gefangenen und sicherten den Tötungsprozess ab.

Jüdische Zwangsarbeiterinnen und -arbeiter

Kalmen Wewryk hatte bei seiner Ankunft in Sobibor doppeltes Glück. Er war nicht nur einer der wenigen, die aus dem Chełmer Transport herausgeholt wurden, sondern er wurde zu einer Zeit zur Arbeit selektiert, als die Deutschen sich für die Einrichtung dauerhafter jüdischer Arbeitskommandos entschieden hatten, die längerfristig den Lagerbetrieb aufrechterhalten sollten. Noch wenige Wochen zuvor waren die jüdischen Arbeiterinnen und Arbeiter, die für den Ablauf des Mordprozesses im Lager benötigt wurden, jedes Mal ermordet worden, sobald die Toten des jeweiligen Deportationszugs verscharrt waren. In Sobibor waren es im Jahr 1943 schließlich bis zu 650 Männer und Frauen, die wie Wewryk Zwangsarbeit im Lager leisteten.[33]

Nur die Gruppe der jüdischen Arbeiter, die im Tötungsbereich, dem sogenannten Lager III, eingesetzt war, wurde weiterhin in regelmäßigen Abständen ermordet. Mitwisser sollten so beseitigt und die Gefahr von Widerstand minimiert werden. Die Juden im Lager III waren direkt in den Tötungsprozess einbezogen: Nach der Vergasung

33 Vgl. Schelvis, Vernichtungslager Sobibór, S. 197 f.

mussten sie die leblosen und ineinander verschlungenen Körper der Toten aus den Gaskammern schaffen, nach Wertgegenständen durchsuchen, die Goldzähne herausbrechen und anschließend die Leichen verscharren und später verbrennen. Sie litten an Hunger, da sie von den Deutschen nicht ausreichend versorgt wurden. Wie die anderen Gefangenen im Lager I hatte auch Kalmen Wewryk keinen Kontakt zu dieser Gruppe, da diese vom übrigen Lager vollkommen isoliert untergebracht war. Ihr Wohn- und Arbeitsbereich war zusätzlich umzäunt, und es war verboten, ihn zu betreten oder anderweitig Kontakt zu den Gefangenen in Lager III aufzunehmen.

Kalmen Wewryk wurde im Lager I untergebracht, wo er seinen Platz auf einer Pritsche in einer Baracke bezog. In diesem Lagerteil gab es neben den Wohnbaracken für die jüdischen Zwangsarbeiterinnen und -arbeiter auch eine Vielzahl von Werkstätten – eine Schneiderei, eine Schusterei, eine Sattlerei, eine Schlosserei und einen Arbeitsplatz für Maler, zudem eine Bäckerei und eine Wäscherei, die beide ausschließlich für die Deutschen arbeiteten. Wewryk war meist in der Tischlerei tätig. Er wurde vor allem beim Ausbau des Lagers eingesetzt, daneben aber auch zu anderen Hilfsarbeiten herangezogen und musste helfen, Gruben auszuheben, Ziegel zu tragen oder Bretter zu stapeln.

Die jüdischen Gefangenen hatten einen langen und schweren Arbeitstag, ständig wurden sie von den SS-Männern terrorisiert, und die Gefahr, einem der plötzlichen und willkürlichen Morde zum Opfer zu fallen, schwebte täglich über ihnen. Wenn ein Häftling zu schwach wurde oder der pausenlosen Quälerei nicht mehr standhielt, wurde er brutal geschlagen. 25 Peitschenhiebe auf die nackte Haut war die übliche Strafe bei kleinsten «Vergehen». Wer jedoch nicht mehr arbeiten konnte, wurde von den Deutschen ins Lager III abgeführt und dort erschossen.

Individuelle Fluchtversuche – vor allem in der ersten Phase – und Akte des Widerstands gab es während der gesamten Lagerzeit. Viele Gefangene trugen sich mit Gedanken an eine Flucht.[34] Ab Frühjahr 1943 hielten einige Jüdinnen und Juden einen Aufstand, der möglichst

34 Siehe beispielhaft Aussage Abraham Margulies, 15. 11. 1965, LA NRW, Q 234/4419, Bl. 6.

vielen zur Flucht verhelfen sollte, für die einzige Chance, dem Mordprogramm zu entkommen. Immer weniger Transporte erreichten das Lager, und es war nicht daran zu zweifeln, dass die Deutschen bei einer Einstellung des Tötungsbetriebs nicht zögern würden, alle verbliebenen Gefangenen zu ermorden. So bildete sich im Verlauf des Jahres 1943 ein Komitee zur Vorbereitung eines Aufstands, dem etwa zehn bis zwölf Personen angehörten. Es stand unter der Leitung des aus Żołkiewka stammenden Rabbinersohns Leon Felhendler. Als im September 1943 eine Gruppe kampferfahrener sowjetischer Kriegsgefangener aus einem Transport aus Minsk zur Arbeit im Lager selektiert wurde, nahmen Mitglieder des Komitees Kontakt zu ihnen auf. Ebenfalls zum Widerstand bereit, schlossen sie sich dem Widerstandszirkel an. Gemeinsam erarbeitete die Gruppe einen Plan.[35] Auch Kalmen Wewryk war an der Planung und Durchführung des Aufstands beteiligt. Am 14. Oktober 1943 sollte das Morden endlich ein Ende haben, und zugleich wollten die Verschwörer ein Zeichen jüdischen Lebens und des Widerstands setzen. Wer den Aufstand und die Flucht überlebt, so wurde verabredet, sollte Zeugnis ablegen von den Verbrechen in Sobibor. Der Mord an ihren Familien und Gemeinden durfte nicht in Vergessenheit geraten. Während des Aufstands, so berichtete nach dem Krieg Mottel Samet, tötete auch Kalmen Wewryk einen der SS-Männer mit einer Axt.[36] Wewryk hielt den Moment fest, als der Aufstand begann: «Hurra na Stalinya! Der Ruf breitete sich wie ein Lauffeuer aus. Er war das Startsignal, und alle stürmten in einem wahnsinnigen Lauf in die Freiheit los. Wir rannten wie verängstigte Tiere, wobei wir querfeldein dem dichten Wald entgegenliefen. Wir waren nur darauf erpicht davonzukommen, den Wald zu erreichen und der Hölle zu entkommen, die Sobibor hieß.»[37]

Wie Kalmen Wewryk gelang es Hunderten weiteren Jüdinnen und Juden, sich vor den Gewehrkugeln in den rettenden Wald zu flüchten. Viele andere kamen bei dem Versuch, aus dem Lager auszubrechen,

35 Marek Bem, Sobibor Extermination Camp 1942–43, Amsterdam 2015, S. 192 u. S. 248 ff.

36 Bericht Samet Mottel, AŻIH, 301/5368.

37 Vgl. Wewryk, vorliegende Ausgabe, S. 78.

ums Leben, wieder andere sahen für sich keine Möglichkeit, die Flucht zu wagen, und blieben im Lager zurück.

Das Entkommen aus dem Lager bedeutete jedoch nicht unbedingt die Rettung. Für die etwa 300 geflüchteten Gefangenen begann nun eine gefährliche Odyssee. Nicht nur, weil die Deutschen und ihre Helfer die Geflohenen durch die Wälder verfolgten. Jüdinnen und Juden waren nirgends sicher, bei der Suche nach Essen oder Unterkunft drohten jederzeit Denunziationen, der Winter stand vor der Tür, und auch der Krieg tobte weiter. Aus Aussagen und Berichten Überlebender wissen wir, dass mindestens 7 Frauen und 40 Männer bis zur Befreiung der Region durch Einheiten der Roten Armee im Sommer 1944 überlebten;[38] ihre genaue Zahl ist jedoch nicht bekannt, da sich nicht alle nach der Befreiung an die Öffentlichkeit wagten. Kalmen Wewryk widmete fast die Hälfte seines Berichtes, der die gesamte Zeit der deutschen Besatzung umfasst, dem Überlebenskampf nach der Flucht. Unmittelbar nach dem Aufstand befand er sich in einer Gruppe von zwölf Geflüchteten, doch schließlich trennte er sich von der Gruppe und versuchte, sich allein durchzuschlagen. Auf diesem beschwerlichen Weg ging er von Dorf zu Dorf, von Wald zu Wald, lebte von Beeren und dem, was er fand. Hilfe bei der polnischen Bevölkerung bekam er kaum: «Ein Mann allein war nichts – ein Jude allein war noch weniger als das.»[39] Bei den Bewohnerinnen und Bewohnern der Region, in der er sich aufhielt, sprach sich herum, dass ein jüdischer Flüchtling in der Gegend war. *Sobibóru* gaben die Bäuerinnen und Bauern ihm als Spitznamen.

Wie die meisten Geflüchteten wollte sich auch Kalmen Wewryk einer der Partisaneneinheiten anschließen, die in den Wäldern um Lublin operierten. Sobibor lag in einem für den Partisanenkampf günstigen Gebiet, und im Herbst 1943 waren in der Region diverse Gruppen aktiv, sodass ein Kontakt möglich schien. Da aber ein Großteil der polnischen Partisanengruppen Juden die Aufnahme verwehrte und sie nicht selten sogar angriff, war die Kontaktaufnahme äußerst gefährlich. Doch vereinzelt waren auch jüdische Partisanengruppen aktiv, sie verfügten über Waffen und wussten zudem, auf welche Bauern

38 Schelvis, Vernichtungslager Sobibór, S. 273 ff.

39 Wewryk, vorliegende Ausgabe, S. 96.

sie sich verlassen konnten. Rund 30 aus Sobibor Entkommene konnten schließlich Verbindung zu Partisanengruppen aufnehmen.[40] Nach langer Suche gelang dies auch Kalmen Wewryk, er schloss sich einer Gruppe sowjetischer Partisanen an, bei denen auch Juden kämpften. Mit der Waffe in der Hand war er endlich in der Lage, sich nicht nur gegen drohende Denunziation und andere Anfeindungen zur Wehr zu setzen, sondern auch aktiv gegen die Deutschen und ihre Kollaborateure zu kämpfen. So erlebte er im Juni 1944 als Partisan, wie die Rote Armee die Region befreite.

Doch in seiner alten Heimat bleiben wollte er nicht. Zunächst ging er nach Łódź, wo sich viele jüdische Überlebende sammelten und wo nach dem Krieg für kurze Zeit ein Zentrum jüdischen Lebens entstand. Hier wollte Kalmen Wewryk auf die Papiere für seine Ausreise warten, denn er war entschlossen, Polen endgültig zu verlassen. Wie viele andere Überlebende fühlte auch er sich in dem Land seiner Geburt nicht mehr sicher, da bekannt geworden war, dass Polinnen und Polen Juden tätlich angegriffen oder sogar ermordet hatten. In Łódź lernte Wewryk Perla Laja Fuchs kennen. Sie hatte als Einzige ihrer Familie die Hölle von Auschwitz überlebt. 1946 heirateten die beiden, und 1947 wurde ihr Sohn, 1950 ihre Tochter geboren. 1952 ging Wewryk mit seiner Familie nach Wrocław. Doch auch hier erfuhr er den virulenten Antisemitismus im Polen der Nachkriegszeit am eigenen Leib. Polizisten beschimpften ihn als «Jude», nahmen ihn fest, schlugen und beraubten ihn und warfen ihn anschließend in ein Kellerloch. Als die Familie 1956 endlich ausreisen durfte, kommentierte Wewryk dies erleichtert mit den Worten: «Das lang ersehnte Wunder!» Zunächst zogen die Wewryks nach Frankreich, 1968 wanderten sie nach Kanada

40 Franziska Bruder, Die jüdischen Aufständischen im NS-Vernichtungslager Sobibór und der Partisanenkampf. Ein Fallbeispiel für das Gebiet Parczew/Włodawa und Brest, in: Martin Zückert/Jürgen Zarusky/Volker Zimmermann (Hrsg.), Partisanen im Zweiten Weltkrieg. Der Slowakische Nationalaufstand im Kontext der europäischen Widerstandsbewegungen. Vorträge der gemeinsamen Tagung des Collegium Carolinum und des Instituts für Zeitgeschichte München-Berlin in Bad Wiessee vom 6.–9. November 2014, Göttingen 2017, S. 203–223, hier S. 10.

aus und ließen sich in Montreal nieder. Hier arbeitete Kalmen Wewryk wieder als Tischler. Er starb im Jahr 1989.

Kalmen Wewryk war nicht der einzige Jude aus Chełm, der Sobibor entkam und überlebte. Neben Ester Terner (verh. Raab) wurden mindestens fünf weitere Juden aus Chełm bei der Ankunft in Sobibor zur Arbeit selektiert und nahmen am Aufstand der Gefangenen am 14. Oktober 1943 teil: Israel Jankiel Fajgenbaum, Leon Cymiel, Mottel Samet, Shlomo Alster und Israel Trager. Bis auf Cymiel, der 1997 in Warschau verstarb, verließen sie alle ihr Heimatland Polen in den Jahren nach der Befreiung.

Die Aufzeichnungen von Kalmen Wewryk

Der Bericht von Kalmen Wewryk ist eines der wenigen Dokumente, das von dem Leben der sogenannten Arbeitsjuden in Sobibor erzählt. Das Besondere an seinem Zeugnis ist, dass er mit der Widersprüchlichkeit seines Daseins als Gefangener in einem Vernichtungslager – der, wollte er überleben, gezwungen war, am Betrieb der Mordfabrik mitzuwirken – offen umgeht und nicht versuchte, «Heldengeschichten» zu schreiben. So erzählte er beispielsweise – nicht ohne drastische Details –, dass Einzelne sich immer wieder dagegen entschieden, unter den albtraumhaften Umständen im Mordlager ihr trostloses Leben zu fristen: «Nachts haben sich auch Menschen die Kehle aufgeschnitten, um Selbstmord zu begehen. Das Blut tropfte dann von den oberen auf die unteren Pritschenlagen.»[41]

Ebenso wenig verschweigt er, dass die Gefangenen keineswegs immer eine solidarische Gemeinschaft waren und sich einige nicht selten egoistisch verhielten, nur an sich selbst dachten und rücksichtslos wurden – für Wewryk war dies unerträglich. Immer wieder schildert er, wie sich Einzelne Vorteile verschafften und Profit aus dem Leid anderer schlagen wollten. So berichtet er von Angehörigen des Bahnhofskommandos, das an der Rampe eingesetzt war, wenn die Depor-

41 Aussage Kalmen Wewryk, 30. 3. 1984, LA NRW, Q 234/4396, Bl. 8.

tierten aus den Waggons getrieben wurden: «Sie waren so heiter, sie waren bester Laune. [...] Sie hatten so blendende Laune, weil ihre Bäuche voll waren.»[42] Ein anderes Mal sah er, wie einige Juden zusammensaßen und gemütlich ihr Essen zu sich nahmen. Zu dieser Zeit kamen kaum noch Deportationszüge im Lager an, und es herrschte großer Hunger unter den Gefangenen. Ausreichend ernähren konnten sich in erster Linie jene, die die Möglichkeit hatten, sich aus dem Gepäck der Ankömmlinge zu bedienen. Wewryk litt im Lager furchtbaren Hunger, aber sein Bitten half nicht – die bessergestellten Gefangenen weigerten sich, mit ihm zu teilen, und er ging leer aus.[43] Diese Episode veranschaulicht wie viele andere das perfide Herrschaftssystem der SS: Ihr oft erfolgreiches zynisches Kalkül setzte auf die Hierarchisierung der Häftlingsgesellschaft und die ungleiche Verteilung von Gütern: Bevorzugt wurden die einen, benachteiligt die anderen. So spielten die Deutschen einzelne Häftlinge wie auch ganze Gruppen gegeneinander aus. In der Konsequenz vermochten häufig nur diejenigen zu überleben, die sich gegen andere durchsetzen konnten.

Dies nach dem Krieg zu thematisieren, fiel den meisten Überlebenden schwer und wurde meist vermieden. Anders Kalmen Wewryk: Immer wieder legt er den Finger auch in seine eigene Wunde und beschreibt mit deutlichen Worten die Zwangsgemeinschaften, in denen er bestehen musste, auch moralisch. Aus vielen Zeilen seiner Erinnerungen spricht der verzweifelte Wunsch nach mehr Gerechtigkeit und Humanität, auch unter extremsten Bedingungen. So prangert er die mit ihm Geflüchteten an, weil sie das Essen nicht gleichmäßig unter sich aufteilten. Sie seien keine Menschen, schrie er ihnen weinend ins Gesicht, sondern Tiere. Umso kostbarer waren ihm die seltenen Momente von Solidarität und Menschlichkeit, die er auch erlebte und die ihm die Kraft verliehen durchzuhalten. Nie gab er – wie so viele, die unter den Umständen hart wurden – seine Emotionalität auf, sie trieb ihn an bis zur Befreiung. Als die Deutschen endlich besiegt waren, konnte er sich dennoch nicht richtig freuen. Zu groß war der Schmerz über den Verlust der Liebsten und der jüdischen Welt, in der er gelebt

42 Wewryk, vorliegende Ausgabe, S. 56.

43 Ebenda, S. 58.

hatte: «Morgens fiel es mir besonders schwer. Ich sah, wie die Polen ihrem normalen Alltag nachgingen.»[44]

«Je älter ich werde, desto klarer sehe ich»

Wie viele Überlebende hoffte auch Kalmen Wewryk, dass seine Erinnerungen an Sobibor mit der Zeit verblassen würden. Doch sie blieben zeit seines Lebens präsent, und er konnte das Erlebte nicht hinter sich lassen. Sein tiefes inneres Leid drückt er aus, wenn er fragt «Man nennt mich einen ‹Überlebenden›, doch habe ich wirklich überlebt?» – und sogleich selbst die Antwort gibt: «Ich bezweifle es.»

Es sollte über zwanzig Jahre lang dauern, bis Wewryk Ende der 1960er Jahre seine Erinnerungen an die Zeit unter der deutschen Besatzung und in Sobibor in jiddischer Sprache niederschrieb. Er wollte festhalten, was er unter deutscher Herrschaft hatte durchleben müssen – nicht als Beweismaterial für ein Gerichtsverfahren, sondern um aufzuklären, damit sich niemals wiederhole, was die Nationalsozialisten vollbracht hatten. Als er 1984 im Rahmen des Wiederaufnahmeverfahrens gegen den SS-Mann Karl Frenzel zu den deutschen Tätern befragt wurde, erinnerte sich Wewryk, welche Motive er beim Schreiben seines Berichts hatte und wie schwer ihm die Erinnerungen gefallen waren: «Ich habe vor etwa 15 Jahren begonnen, das Buch zu schreiben, das heute vorliegt. Heute könnte ich das nicht mehr schreiben. Meine ganze Familie war ums Leben gekommen, und ich wollte, dass zukünftige Generationen erfahren, was Hitler gemacht hat.»[45]

Sobibor ließ ihn sein Leben lang nicht los. Er suchte den Kontakt zu den anderen Überlebenden und fuhr mehrmals dafür nach Israel. Am 14. Oktober 1983 nahm er mit zwanzig weiteren Überlebenden von

44 Ebenda, S. 131.

45 Tatsächlich wurde der Bericht von Kalmen Wewryk erst im Jahr 1999 publiziert. Vermutlich meinte Wewryk hier den Bericht, den er ab Ende der 1960er Jahre auf Jiddisch verfasste und auf dem die spätere Veröffentlichung basierte.

Sobibor in Yad Vashem an den Feierlichkeiten zum 40. Jahrestags des Aufstands von Sobibor teil.

Ein Zufall wollte es, dass Howard Roiter in den 1990er Jahren Kalmen Wewryk traf. Er besuchte einen Vortrag, den Roiter zum Aufstand im Warschauer Ghetto hielt. Roiter war sofort fasziniert von dem «ehrlichen und einfachen Mann». Über einen Zeitraum von drei Jahren sprach er unzählige Male intensiv und ausführlich mit Kalmen Wewryk und übersetzte dessen Erinnerungen, die Wewryk auf Jiddisch in Form von Notizen niedergeschrieben hatte, ins Englische. 1999 schließlich veröffentlichte Roiter die Erinnerungen in englischer Sprache unter dem Titel *To Sobibor and back. An Eyewitness Account*. Wie in anderen Berichten von Überlebenden des Holocaust finden sich auch im Text von Kalmen Wewryk einzelne historische Ungenauigkeiten. In dieser Edition wurde bewusst darauf verzichtet, durch Anmerkungen auf diese hinzuweisen: Das Zeugnis des Überlebenden, so wie er die Geschichte erlebt und niedergeschrieben hat, soll im Vordergrund stehen. Namen von Ortschaften wurden, soweit möglich, berichtigt.

Literatur

Adler, Eliyana R., Hrubieszów at the Crossroads: Polish Jews Navigate the German and Soviet Occupations, in: Holocaust and Genocide Studies (2014) 1, S. 1–30.

Bem, Marek, Sobibor Extermination Camp 1942–43, Amsterdam 2015.

Berger, Sara, Experten der Vernichtung. Das T4-Reinhardt-Netzwerk in den Lagern Belzec, Sobibor und Treblinka, Hamburg 2013.

Bildungswerk Stanisław Hantz e. V./Forschungsstelle Ludwigsburg der Universität Stuttgart (Hrsg.), Fotos aus Sobibor. Die Niemann-Sammlung zu Holocaust und Nationalsozialismus, Berlin 2020.

Black, Peter, Die Trawniki-Männer und die «Aktion Reinhard», in: Bogdan Musial (Hrsg.), «Aktion Reinhardt». Der Völkermord an den Juden im Generalgouvernement 1941–1944, Osnabrück 2004, S. 309–352.

Bruder, Franziska, Die jüdischen Aufständischen im NS-Vernichtungslager Sobibór und der Partisanenkampf. Ein Fallbeispiel für das Gebiet Parczew/Włodawa und Brest, in: Martin Zückert/Jürgen Zarusky/Volker Zimmermann (Hrsg.), Partisanen im Zweiten Weltkrieg. Der Slowakische Nationalaufstand im Kontext der europäischen Widerstandsbewegungen. Vorträge der gemeinsamen Tagung des Collegium Carolinum und des Instituts für Zeitgeschichte München-Berlin in Bad Wiessee vom 6.–9. November 2014 (Bad Wiesseer Tagungen des Collegium Carolinum, Bd. 37), Göttingen 2017, S. 203–223.

Cüppers, Martin, Wegbereiter der Shoah. Die Waffen-SS, der Kommandostab Reichsführer-SS und die Judenvernichtung 1939–1945, Darmstadt 2005.

Hänschen, Steffen, Das Transitghetto Izbica im System des Holocaust, Berlin 2018.

Kuwałek, Robert, Zagłada żydowskiego Chełma. Żydzi w Chełmie Lubelskim w latach 1939–1944. Zarys Problemu, in: Adam Sitarek/Michał Trębacz/Ewa Wiatr: Zagłada Żydów na polskiej prowincji, Łódź 2012, S. 175–202.

Osiński, Tomasz, «Pamiętają mordercę». SS-Oberscharführer Hugo Raschendorfer w zeznaniach mieszkańców Chełma, in: Chełmskie Towarzystwo Naukowe: Chełm Nieznany. Ludzie. Miejsca. Wydarzenia, Chełm 2009, S. 239–244.

Petscherski, Aleksandr, Bericht über den Aufstand in Sobibor, Berlin 2018.

Pohl, Dieter, Von der «Judenpolitik» zum Judenmord. Der Distrikt Lublin des Generalgouvernements 1939–1944, Frankfurt/M. u. a. 1993.

Puławski, Adam, Benzyny zużyto 8 litrów. Prozaizacja Zagłady na przykładzie dokumentacji Archiwum Państwowego w Lublinie Oddział w Chełmie, in: Zagłada Żydów. Studia i Materiały 14 (2018), S. 311–333.

Schelvis, Jules, Vernichtungslager Sobibór, Hamburg/Münster 2003.

Sznajder, Lipmann, Wladek war ein falscher Name. Die wahre Geschichte eines dreizehnjährigen Jungen, München 1991.

Quellen

Archiwum Żydowski Instytut Historyczny (AŻIH)

[Archiv des Jüdischen Historischen Instituts Warschau]

301/2192 Bericht Gitl Libhaber

301/4384 Bericht Abram Cytryn

301/5368 Bericht Mottel Samet

302/306 Bericht Lipmann Sznaider

302/119 Aufzeichnungen Aurelia Jaworska

Landesarchiv Nordrhein-Westfalen (LA NRW)

Staatsanwaltschaft Dortmund, Zentralstelle für die Bearbeitung von NS-Verbrechen: Verfahren gegen Bolender, Frenzel und andere (Sobibor), Q 234, Nr. 4237–4581

Q 234/4278 Aussage Erwin Lambert, 2. 10. 1962

Q 234/4297 Aussage Hubert Gomerski, 24. 2. 1964

Q 234/4293 Aussage Kurt Bolender, 2. 10. 1963

Q 234/4289 Aussage Franz Hödl, 18. 4. 1963

Q 234/4396 Aussage Kalmen Wewryk, 30. 3. 1984

Q 234/4396 Aussage Shlomo Alster, 16. 3. 1975

Q 234/4419 Aussage Abraham Margulies, 15. 11. 1965

Q 234/4420 Aussage Hubert Gomerski, 9. 12. 1965

Q 234/4452 Aussage Jehuda Lerner, 16. 12. 1959

Q 234/4452 Aussage Erhard Kies, 6. 2. 1943

Q 234/4465 Aussage Erich Bauer, 12. 12. 1963

Das Bildungswerk Stanisław Hantz

Das Bildungswerk Stanisław Hantz e. V. arbeitet seit 1995 mit einem Fokus auf Bildungs- und Erinnerungsprojekten an einstigen Schauplätzen des Holocaust in Mittel-Ost-Europa. Benannt nach einem Überlebenden des Konzentrations- und Vernichtungslagers Auschwitz-Birkenau, ist der Verein einerseits besonders diesem Ort verpflichtet. Andererseits versucht das Bildungswerk aber auch, den Blick auf die «vergessenen» und «unbekannten» Orte zu lenken, und organisiert Projekte in Polen, Litauen und der Ukraine. Nachdem in den ersten Jahren Überlebende aus mehreren Ländern einen zentralen Stellenwert in der Arbeit des Vereins hatten, konzentrieren sich unsere Aktivitäten mittlerweile stärker auf die Forschung zum Holocaust und in Zusammenarbeit mit lokalen Partnern auf die Einrichtung von Erinnerungsorten.

Seit 1998 reisen wir jährlich an die Orte der ehemaligen Mordlager in Ostpolen: Belzec, Sobibor und Treblinka. Auf der «Reise zu den vergessenen Lagern der ‹Aktion Reinhard›» genannten Bildungsfahrt sprechen wir mit Dorfbewohner*innen über die Zeit der deutschen Besatzung, treffen uns mit Historiker*innen und Mitarbeiter*innen von Gedenkstätten, die über ihre Arbeit berichten. Wir tauschen uns mit den Teilnehmer*innen über die Erfahrungen und das Leid der Verfolgten aus, beschäftigen uns aber auch mit der Biografie und Nachkriegsgeschichte der Täter*innen. Dabei sind wir bemüht, die Geschichte der nationalsozialistischen Verfolgungs- und Vernichtungspolitik aus verschiedenen Blickwinkeln zu betrachten. Nationalsozialismus und Holocaust allein in ihrer historischen Dimension zu sehen, ist uns zu wenig. Wir versuchen, die sozialen und politischen Auswirkungen bis heute nachzuzeichnen.

Unser Ziel ist es, die Erinnerung an die deutschen Verbrechen im Zweiten Weltkrieg und der Shoah nicht in Vergessenheit geraten zu lassen. Die Veröffentlichung des Berichts von Kalmen Wewryk lag uns besonders am Herzen, und wir freuen uns, ihn nun in Kooperation mit dem bahoe books und dem Metropol Verlag auch deutschsprachigen Leser*innen zugänglich machen zu können.

Gedenkallee in der Gedenkstätte Sobibór, 2017
Archiv Bildungswerk Stanisław Hantz

An vielen Orten unserer Arbeit beteiligen wir uns aktiv an der Gestaltung von Gedenk- und Erinnerungsinitiativen, wenn möglich gemeinsam mit lokalen Partner*innen. 2002 initiierte das Bildungswerk die Errichtung eines Gedenkweges für die Ermordeten von Sobibor; und schon ein Jahr später, anlässlich des 60. Jahrestages des Aufstandes der Gefangenen von Sobibor, wurde die «Gedenkallee» eingeweiht. Heute erinnern über 300 Gedenksteine auf dem Gelände an einzelne Opfer des Mordlagers. Derzeit wird die Gedenkstätte in Sobibor neu gestaltet. Zwar wird die «Gedenkallee» nicht Teil des neuen Gedenkortes sein, doch die Steine werden einen neuen Platz finden, und das Projekt kann weiter wachsen. Wir freuen uns über jede Initiative, neue Gedenksteine in Erinnerung an die Opfer von Sobibor zu stiften. Weitere Informationen dazu sowie zu unserer Arbeit finden sich unter www.bildungswerk-ks.de.